진리본색
眞理本色

※ 본문에 인용된 성경은 대한성서공회에서 펴낸 개역개정판을 따랐으며,
다른 번역본을 사용한 경우 따로 표기하였다.

진리본색
眞理本色

양병모

국민북스

목차

2부 진리가 드러나다

5. 마침내 벗겨진 수건

3부 십자가 하나님의 진리

6. 영적 승리의 비결, 십자가

7. 하나님이 찾으시는 예배

저자의 말

빌라도가 이르되 그러면 네가 왕이 아니냐 예수께서 대답하시되 네 말과 같이 내가 왕이니라 내가 이를 위하여 태어났으며 이를 위하여 세상에 왔나니 곧 진리에 대하여 증언하려 함이로라 무릇 진리에 속한 자는 내 음성을 듣느니라 하신대 빌라도가 이르되 진리가 무엇이냐 하더라(요 18:37~38)

요한복음 18장에는 예수가 빌라도 앞에서 심문을 받으시는 모습이 기록되어 있다. 우주의 왕이 로마의 한 작은 분봉 왕 앞에서 심문을 당하고 계신다. 창조주가 피조물 앞에서 심문을 당하고 있는 것이다.

빌라도가 보기에 그에게는 죄라고 할 만한 것이 없었다. 최소한 사형을 시키려면 로마를 전복시키려 했다는 죄목(罪目)이 있어야 했다. 빌라도는 아내의 부탁도 있던 터라 무죄를 선포하고 싶었다. 그런데 예수는 불리한 질문에 "내가 왕이다"라고 답변한다. 고소한 유대인들이 로마를 전복(顚覆)하려는 무리의 두목으로 몰아가려 하는데 말이다. 그냥 침묵으로 있어도 될 상황이었다. 그런데 답변을 하신다. 왕이라고 말이다. 마치 죽으려고 작정한 사람처럼….

그러시면서 진리에 대해 증언하려고 오셨다는 것이다. 로마를 전복해 이스라엘의 독립을 성취하여 주는 그런 왕이 아니고 말이다. 도대체 이런 왕이 있을까? 진리를 증거 하러 왔다는 왕 말이다. 빌라도는 이해가 안 되었다. 그는 진리가 무엇이냐고 묻는다. 그런데 정작 이 장면에서 예수는 답변하지 않으신다. 성경 어디에도 여기에 대한 답변은 기록되어 있지 않다. 곧바로 다음 장면으로 넘어간다.

왜 답변을 하지 않으셨을까? 참 중요한 질문인데 말이다. 잘 해명하셨다면 사형선고, 그것도 끔찍한 십자가의 형은 면할 수 있지 않았을까? 왜 침묵하셨는가?

질문이 잘못되었던 거다. 진리가 무엇인가에 대해 설명하시려면 시간이 없었다. 십자가에 달려야 하는 시간이 다가오고 있었다. 유월절 전에 죽으셔야 하는 하늘의 뜻을 알고 계셨기 때문이다. 주님은 유월절 어린양으로 오신 분이셨다.

무엇(what)에 대해 설명하기에는 너무나 급하게 흘러가고 있는 섭리의 시간이었다. 반면에 이렇게 질문하였다면 어떠했을까? 진리가 누구(who)냐고 말이다. 그렇다면 한마디로 답변하실 수 있지 않았을까? “나다.(It is I)”라고 말이다. “내가 진리다.(I am the Truth)”라고 말이다.

이제 우리가 답할 때이다. 진리가 무엇인가를 알려주셨고 지금도 알려주시는 예수 그리스도, 그분이 바로 우리 주님이다. 그분은 이제 우리가 답을 말해야 한다고 하신다. 지금도 끊임없이 진리를 갈망하는 자들에게 말이다.

진리본색(眞理本色), 진리의 본질적인 색상은 어떤 색일까? 제각각 자신의 눈으로 본 색상을 주장하는 것은 아닌가 싶다. 세상을 보던 육신의 눈으로 진리를 왜곡하는 일이 얼마나 많은가? 유대인들이 모세 율법의 색안경으로 인해 진리를 거부하듯이 말이다. 이곳에서 순수한 진리의 빛을 찾는 여정을 시작하려 한다.

2020년 3월

양병모

1부

진리가 무엇이냐

TRUTH

1
성경, 우리에게 온 진리

진리(眞理, 참된 이치),

헬라어로는 ἀλήθεια(알레데이아)로 a(알파)와 λανθάνω(란다노)의 합성어다.
a(알파)는 접두어로 사용되어 '아니다, 없다'의 부정적인 뜻이며
λανθάνω(란다노)는 '숨기다'라는 의미다.
즉 진리는 '숨겨진 것이 없는 것' 또는
'온전히 드러난 것'이라는 말이다.

시내산 위에 오른 모세에게 하나님은 스스로 '인자와 진실이 많은 하나님'(출 34:6)임을 드러낸다. 여기서 '진실'로 번역된 히브리어는 אֱמֶת(에메트)인데 이 단어의 어근은 אָמַן(아만)으로 '확실하게 하다, 지지하다, 믿다'라는 뜻이다. 즉 אֱמֶת(에메트)는 '확실한 가르침, 믿을 만한 가르침'이라는 의미로 대부분 '진리'라는 뜻으로 쓰이고 있다. 하나님은 스스로 진리의 하나님이라 선포하신다.

하나님의 영에 이끌린 사람인 다윗은 하나님을 '진리의 하나님'(시 31:5)이라 고백한다. 그 진리의 하나님이 자신을 구원하셨다고 말이다.

예레미야가 고백한 '참 하나님'(렘 10:10)의 '참'이라는 단어도 אֱמֶת(에메트)로 진리라는 뜻이다. 예레미야도 여호와를 진리의 하나님이라고 고백한다. 이처럼 우리는 확실히 믿고 따를 수 있는 진리의 하나님을 성경에서 분명히 확인할 수 있다.

하나님은 성전을 지어드리겠다는 다윗을 기뻐하시며 그와 언약을 맺으시고, 왕위를 대대로 견고하게 하겠다는 약속을 하신다. 이 언약 후에 다윗은 '주의 말씀이 진리'(삼하 7:28)라 고백하는데 이는 말씀하신 것은 확실하게 이루시는 분이라는 말이다. 말씀하신 것을 믿기에 충분하다는 의미다. 진리의 하나님이 하신 말씀이기에 당연한 것이다. 병 안에 무엇이 들었느냐에 따라 그 속에 있는 내용물이 나오게 마련이니 말이다.

시편 119편은 각 구절마다 말씀이라는 뜻이 들어있다. 율법,

계명, 규례 등으로 다양하게 표현하였다. '주의 율법은 진리'(142절), '모든 계명들은 진리'(151절), '주의 말씀의 강령은 진리'(160절)에서 알게 되듯이 말이다. 이렇듯이 한결같이 하나님의 말씀은 진리라고 기록하고 있다. 진리의 하나님으로 부터 나온 말씀이기 때문이다.

베드로도 성경은 '성령의 감동하심으로'(벧후 1:21) 기록된 것이라고 고백한다. 즉 성경의 원(原)저자는 하나님이라는 말이다. 물론 많은 경우 직접 말씀하신 내용을 받아 적은 것이기도 하지만 비록 사람들의 생각을 빌려 기록하셨을지라도 그 내용을 성경에 기록하게 하셨을 때는 하나님의 섭리 속에서 진리의 내용을 담아 기록하게 하셨기 때문이다.

변하지 않는 진리

진리는 시대가 변했다고 달라져서는 안 된다. 하나님은 변함이 없으신 분이기 때문이다. 시대 시대마다 변천하는 정치와 경제 사회 문화에 따라 적용되는 기준이 달라진다면 이미 진리가 아니다. 고대와 현대의 시대에 따라 삶의 환경이 얼마나 많이 달라졌는가? 과학의 발달 등으로 과거에는 상상할 수 없던 것들이 현실화되었다.

진리는 상황의 변화에 따라 달라지는 상황 윤리가 아닌 절대적인 가르침이어야 한다. 시간을 초월하신 하나님의 안목은 이미 이러한 변화를 아시고 진리를 성경 안에 담아두셨다. 그야말로 성경은 진리의 보고(寶庫)인 셈이다. 시대의 흐름에 따라 매번 성경을 새롭게 쓸 필요가 없도록 이미 처음부터 완전하게 기록하셨다. 성경 안에 시대와 지역, 인종과 문화를 초월해 모든 인류에게 다 해당되는 절대적인 가르침을 담아두신 것이다. 오직 창조주이신 하나님만이 하실 수 있는 놀라운 섭리이다.

다니엘서에는 이방 나라 메데의 왕인 다리오의 입을 통해 하나님을 고백하는 내용이 있다. 곧 '살아계시는 하나님'(단 6:26)이란 고백인데 이는 하나님의 말씀은 오늘날을 살아가는 우리에게도 동일하게 역사하시는 진리라는 말이다. 이렇게 변함이 없으신 하나님을 선포하고 있는 것이다. 영원불변하시는 하나님은 영원히 변치 않는 진리를 지니고 계신다.

영적 진리

하나님이 사무엘로 하여금 다윗을 택하실 때 사람은 '외모'를 보나 하나님은 '중심'을 본다고 하셨다.(삼상 16:7) 실상 막내인 다윗은 형들보다 드러낼 것이 별로 없었다. 장남도 아니고 체력이 형제들보다 뛰어난 것도 아니었다. 그런 다윗을 택하시면서 중심을 보신다고 말씀하신다. 즉 하나님의 관심사는 사람 안에 진리는 사람의 영혼에 대한 내용이다. 육체는 이 땅에 썩고 없어질 것이나 사람의 영혼은 없어지지 않기 때문이다.

있는 마음의 상태로 이는 마음이 그 사람의 근본이기 때문이다. 사람의 됨됨이는 곧 마음의 됨됨이이며 이 마음이 밖으로 드러나게 마련이다. 마음이야말로 사람의 공통된 근본이고 실체다. 인종이 달라도 시대가 변해도 늘 그 자리를 지키고 있는 것이 마음이다.

이처럼 진리는 사람의 영혼에 대한 내용이다. 육체는 이 땅에 썩고 없어질 것이나 사람의 영혼은 없어지지 않기 때문이다. 영혼불멸(靈魂不滅)임을 직감한 사람들이 신을 찾아가게 되었다. 이 땅 위의 짧은 삶으로 모든 것이 끝나는 것이 아님을 인지했기 때문이다. 이처럼 진리는 우리의 영원한 영혼에 대한 가르침을 담고 있으며, 시대와 문화의 영향을 받는 인본적인 도덕과 윤리를 뛰어넘는다. 단지 육신적인 편함과 쾌적함을 추구하는 경제나 문화에 대한 지침서도 아니다. 영혼을 지닌 사람들이 이 땅에 존재하는 한 진리는 그 가치를 변함없이 발휘한다.

언중유골(言中有骨)이라는 말이 있다. '예사로운 말 속에 깊은 뜻이 들어 있다'는 의미다. 이처럼 사람들도 속뜻을 담아서 말하는데 하물며 하나님께서 말씀 속에 뜻을 담아두지 않으셨을까? 하늘의 중요하고 깊은 뜻을 담아두신 것이 성경의 진리이다. 땅에서 하늘의 사람을 준비하라는 뜻이다. 미리 땅에서 하늘의 사람들로 살다가 본향(本鄕)으로 오라 하신다.

성경에는 참으로 많은 교훈이 담겨 있다. 정치 경제 사회 문화의 모든 분야뿐 아니라 도덕과 윤리적인 가르침도 포함하고 있다. 그러나 무엇보다 중요한 것은 성경의 가르침 대부분이 '영적인 가르침'이라는 데 있다. 영적인 것은 우리의 영혼에 대한 내용이다. 영혼은 이 땅의 삶으로 끝나지 않고 영원한 세상으로의 여정을 가야 하는 우리 안의 근본적인 실체이다. 이런 영혼에 대한 영적인 가르침을 주신 내용이 진리임을 잊어서는 안 된다.

구원에 이르는 진리

또 어려서부터 성경을 알았나니 성경은 능히 너로 하여금 그리스도 예수 안에 있는 믿음으로 말미암아 구원에 이르는 지혜가 있게 하느니라(딤후 3:15)

이 말씀은 성경이 어떤 책인가를 알려준다. 성경이 모세의 손에 의해 기록되기 시작하였을 때는 이미 죄로 인해 타락한 인간들이 지구 곳곳에 살고 있었다. 이런 어둠의 시기에 하나님의 관심은 어디 있었을까? 정치나 경제, 문화의 발달보다도 우선적인 것이 인간의 영혼이다. 하나님은 지구를 만드실 때 이미 먹고 살아갈 수 있는 완전한 시스템을 설비해 놓으셨다. 이 땅 가운데 충분한 자원과 먹거리를 담아두셨다. 오대양 육대주를 통해 살아가기에 필요한 자연환경을 만들어 주신 것이다. 그런데 문제는 인간들의 끝없는 욕심이 갈등을 넘어 투쟁으로 이어졌고 살인과 황폐함으로 나아갔던 것이다. 행복을 잃어버리고 염려와 두려움이 삶을 지배하게 되었다.

이때에 하나님은 바로 이렇게 죄 가운데 살아가는 인간들인 타락한 자들을 새사람으로 만들어 가려는 섭리하에 성경을 기록하게 하셨다. 아무리 환경을 바꾸어 주고 필요한 것을 채워준들 인간의 욕심이 그대로 자리 잡고 있는 한 근본적인 해결책이 되지 않는다는 것을 알고 계셨기 때문이다. 사람다운 사람들이 서로를 위하고 자연을 잘 관리하며 살아가도록 하고 싶으셨다. 나아가서 새롭게 변화된 사람들과 영원히 살고 싶으신 것이 하나님의 바람이셨다.

이처럼 성경은 타락한 인생들을 구원하는 지혜의 책이다. 사람 같지 않은 자들을 사람 만들어 가시는 책이다. 짐승 같은 자들이 사람 되게 하는 지침서다. 짐승에게 훈련이 필요하듯이 교훈과 책망을 통해 사람다운 사람을 만들어 가시는 것이 진리이다. 성경은 우리를 향한 하나님의 사랑스런 잔소리이다. 당장은 듣기 싫으나 장차 우리로 웃게 한다. 순간은 힘들지 모르나 영원한 행복을 보장한다.

하늘의 뜻을 담은 진리

이는 하늘이 땅보다 높음 같이 내 길은 너희의 길보다 높으며 내 생각은 너희의 생각보다 높음이니라(사 55:9)

하늘의 뜻인 진리를 어떻게 기록했을까? 땅의 언어와 땅의 이야기를 통해 하늘의 뜻을 기록하도록 하셨다. 땅의 역사와 사건, 자연 만물들 속에 하늘의 뜻을 담아두셨다.

역사

하나님께서 아브라함에게 고향을 떠나라 하신다. 아브라함은 갈대아 우르를 떠나 하란을 거쳐 가나안 땅에 이르는 길을 나선다. 이 행로는 우리의 신앙 여정을 잘 보여준다. 육신 중심적인 세상의 가르침을 떠나 하나님의 말씀으로 살아가는 새사람이 되어 가는 과정이다.

애굽에서 도망쳐 나온 모세는 미디안 광야에서 40년의 세월을 보낸다. 그에게는 고난의 기간이었으나 하나님의 관점에서는 모세를 단련시킨 훈련 기간이었다. 이스라엘 백성들을 애굽에서 이끌어 내기 위해 모세를 사용하시려는 것이다. 마침내 모세에게 임하신 하나님은 이스라엘 백성들을 애굽에서 이끌어 내어 광야를 거쳐 가나안 땅에 들어가게 하시겠다는 원대한 프로젝

> 육신의 속성으로 살던 자가 하나님의 다스림을 받는 자로 새롭게 변해가는 여정을 보여준다.

트를 선포한다.

애굽에서 광야를 거쳐 가나안으로 가는 길이 구원의 여정이다. 이처럼 단순한 역사로만 보이는 현상 속에 진리를 담아둔 책이 바로 성경이다. 성경은 단지 객관적 사실을 기록한 역사책이 아니다. 하나님은 모세를 이어받은 후계자 여호수아를 통해 가나안의 정복 전쟁을 이루어 간다.

여호수아는 '예수'와 같은 뜻의 이름으로 예수의 예표이다. 가나안 땅은 죽어서 가는 곳이 아닌 이 땅에서 이루어야 할 현세적 천국, 즉 선취하여 누리는 천국을 보여주는 자리다. 하나님은 이어지는 사사기를 통해서는 선취한 천국을 잘 지켜내는 것이 얼마나 중요한가를 가르쳐 주신다.

남 유다와 북 이스라엘의 끊임없는 전쟁은 신자가 치러야 하는 영적 전쟁에 대해 잘 보여준다. 이 전쟁은 육신의 속성과 영적인 속성과의 싸움이다. 물론 남 유다는 영적인 속성을 보여주고 있다. 이들은 지속적으로 애굽을 비롯해 북방의 이민족으로부터 침략을 받았고, 마침내는 북 이스라엘을 시작으로 해서 남 유다까지 멸망하게 된다. 이는 사탄의 미혹이 끊임없이 있을 것임을 알려주는 것이다.

사건

창세기 3장에는 에덴동산에서 뱀에 의해 죄가 들어온 사건이 기록되어 있는데 이는 뱀의 속성을 빗대어서 사탄의 속성을 말씀하신 것이다. 죄가 들어오게 된 원인과 죄의 성격이 무엇인가를 알려주고 있다. 이미 성경이 기록될 즈음에는 죄 가운데 있는 인생들이 지구 곳곳에 흩어져서 살고 있었다. 하나님은 이런 죄인들을 어떻게 구원의 여정으로 이끌어 가실 것인지 성경을 통해 보여주신다. 가죽옷을 만들어 입히시는 하나님의 사랑은 훗날 어린양으로 오실 메시아와 연결된다. 이렇듯이 단순히 사건 그 자체보다 그 사건을 통해 진리를 말씀하고 계신다.

가인과 아벨의 제사도 장차 예수 그리스도의 오심으로 인해 어떤 제사를 드려야 죄를 속하게 되는지를 보여주는 사건이다. 양과 그 기름으로 드리는 제사가 바로 예수가 오셔서 말씀하신 영과 진리로 드리는 예배다. 이처럼 성경은 가인과 아벨의 사건을 통해서도 구원의 여정을 보여주는 진리의 책이다.

얍복강은 야곱이 하나님과 밤이 새도록 씨름해 마침내는 이름이 바뀌는 은혜의 자리가 된 곳이다. 이 역시 단순히 야곱에서 이스라엘로 바뀌었다는 사실을 알려주는 것이 아니라 육신의 속성으로 살던 자가 하나님의 다스림을 받는 자로 새롭게 변해가는 여정을 보여준다. 육신의 사람 야곱이 바로 장차 영적인 이스라엘로 나아가는 신앙의 여정에 있는 신자의 모습이기 때문이다.

단지 모압 땅으로 이사 갔다는 사실을 알려주는 것보다 더 중요한 뜻이 룻기 첫 장면에 담겨있다. 있어야 할 곳인 베들레헴을 떠난 자의 고난을 통해 신자가 어떤 선택을 해야 하는지 하나님은 말씀하신다. 나오미가 다시 기쁨을 회복하는 여정과 시어미를 따라간 룻이 영적인 계보에 들어가는 놀라운 은혜를 통해 우리가 가야 하는 신앙의 여정을 보여주고 있다.

자연 만물

성경의 무대는 팔레스타인 지역이다. 성지순례를 다녀온 사람들은 이미 오래전부터 하나님께서 이곳을 성경의 무대로 준비하셨구나 하는 생각을 하게 된다. 산과 골짜기를 비롯해 광야와 사막이 작은 땅 안에 골고루 다 갖추어져 있다. 커다란 호수도 둘이나 있어 하나는 생명으로 충만한 반면에 다른 하나는 생명이 살 수 없는 소금 바다로 되어 있다.

성경이 우리에게 전해진 경륜도 참으로 놀랍다. 수천 년 전에 기록된 성경이 우리에게 오기까지 수많은 사람의 피와 눈물이 있었지만 무엇보다 이 지역의 특이한 기후가 이것을 가능하게 했다. 사해 바다 주변은 일 년 365일 거의 비가 내리지 않는 매우 건조한 광야지형이다. 알고 있듯이 습도가 높은 곳은 곰팡이류의 활동이 활발하여 부패가 쉽다. 특히 종이나 가죽류의 훼손은 더욱 심각할 수밖에 없다. 사해 동굴에서 발견된 사본들은 이런 천혜의 자연환경 속에서 보존되어 우리 손에 주어진 것이다.

나무 종류도 감람나무를 비롯해 열매 맺는 포도나무, 무화과나무가 있는 반면에 작은 관목과의 가시나무들이 도처에 있어 나무를 통해서도 사람의 심성을 표현하기에 적절하다.

지정학적으로는 초승달지역의 중간에 위치하고 있다. 고대 애굽과 바벨론의 중간에 있어 강대국의 틈바구니에서 끊임없는 전쟁에 시달려야 했다. 이 또한 우리가 치러야 하는 영적 전쟁이 지속되는 것임을 보여주는 부분이다.

꿈과 환상

요셉은 밭의 곡식단과 하늘의 해와 달 별들의 꿈을 꾸고, 이로 인해 형제들의 미움을 받게 된다. 하나님은 이런 요셉의 꿈을 통해 훗날 일어날 일을 미리 보여주신다. 성경에 꿈들이 기록될 때에는 이미 그 안에 더 중요한 본질적인 뜻들을 담아둔 것이다.

앗수르에 끌려간 에스겔이 그발 강가에서 혼이 빠져나가는 유체이탈(幽體離脫) 체험을 한다.(겔 3:3) 그가 두루마리를 먹는 환상은 그 실체인 진리를 통해 새롭게 변화할 것을 보여주는 것이다. 진리가 온 마음을 적셔갈 때 우리의 입술이 바뀌어 생명의 말이 나오게 된다.

스가랴가 본 여러 환상 중의 한 가지가 측량줄로 예루살렘을 측량하는 것이다.(슥 2:1~2) 이는 영적인 예루살렘이 되야 할 우리의 마음 상태를 측량하겠다는 말이다. 그리스도가 오심으로 우리 안에 세워지는 평강의 성 안에 샬롬이 든든하게 자리 잡고 있는지 묻는 것이다. 이 예루살렘이야말로 우리 안에 천국이 이루어진 확실한 징표다.

율법

하나님께서 시내산에 오른 모세에게 주신 십계명은 단지 도덕과 윤리 수준에 머무는 것이 아니다. 더 중요한 본질적인 의미들을 담고 있다. 문화와 삶의 환경으로 인해 도덕이나 윤리적인 기준은 민족마다 다르고 시대에 따라 변할 수 있다. 그러나 진리는 이것을 초월해 능히 모든 사람에게 변함없이 적용되는 것임을 기억해야 한다. 실제로 예수가 오셔서 말씀하시고자 하셨던 본질적인 뜻들을 드러내신다. 단지 몸을 죽이는 것뿐만이 아니라 더 중요한 영혼의 살인이 있음을 알려주셨다. 간음 역시 근본적인 마음의 간음에 대해 드러내셨다. 나머지 계명들도 다 중요한 의미들을 포함하고 있음을 알 수 있다.

레위기 1장에는 성전에서 양을 잡아 제사 드리는 방법에 대해 세세하게 기록되어 있다. 피를 어떻게 처리하고 각을 떠야 하고 기름은 어떻게 하고 내장과 정강이를 씻어야 하는지 말씀하신다. 왜 이런 구체적인 내용이 필요할까? 예수가 오심으로 인해 없어질 규례에 대해 굳이 이렇게 많이 나열하실 필요가 있으셨을까? 이는 짐승이 바로 나의 모습임을 깨닫고 이런 과정을 거쳐서 거룩한 산 제물이 되어야 한다는 것을 말하는 것이다.

레위기 11장에 나오는 음식의 정결법에는 먹어야 할 짐승과 먹지 말아야 할 짐승이 등장한다. 특히 배로 기어 다니는 것은 먹어서는 안 된다고 하셨기에 유대인들은 지금도 철저하게 구별하여 절대로 이런 종류는 먹지 않는다. 그렇다면 레위기의 이런 내용은 우리와 상관이 없는 것일까? 만일 상관이 없다면 성경의 많은 부분은 이미 진리가 아니다. 진리는 세월이 지난다고 변하는 것이 아니기 때문이다. 예수가 오심으로 우리는 이 내용이 단지 음식의 정결법에 대한 가르침이 아니고 영적인 말씀의 정결법이라는 것을 알게 되었다. 이렇듯이 성경의 본질적인 뜻들은 시간과 문화를 초월한다.

인명과 지명

하나님은 아브람의 이름을 아브라함으로 바꿔주신다. 오늘날의 작명소처럼 이름이 출세에 걸림돌이 된다며 바꿔주셨을까? 이름이 의미하듯이 이제는 아브라함을 열국의 아비로 삼겠다는 것이다. 그의 후손 중에 오시는 예수 그리스도를 통해 모든 나라의 많은 사람들을 구원의 자리로 이끌겠다는 말씀이다. 이처럼 이름 하나하나에도 깊은 뜻을 담아두신 것이다.

미가서에는 '베들레헴 에브라다야'(미 5:2) 하시면서 훗날 오시는 예수의 고향을 미리 말씀하신다. 예수가 오시기 700여 년 전에 말이다. 왜 베들레헴에 오셨는가? 예수는 "내가 생명의 떡이다"라고 말씀하셨다. 이는 생명의 말씀, 즉 영혼의 양식으로 오신 주님이 베들레헴에 나시도록 하신 하나님의 크신 섭리다. '베들레헴'이라는 이름에 이미 '떡 집'이라는 뜻이 있다. 즉 주님이 떡 장수로 오신 것이다. 육신의 먹거리가 어떤 것인가에 따라서 체질이 결정되듯이 영혼의 먹거리가 어떤 것이냐에 따라 우리의 영적인 상태가 결정되기 때문이다. 진리의 먹거리로 오신 주님을 볼 수 있다.

뿐만 아니라 '에브라다'라는 뜻도 '열매'로 영혼의 양식을 잘 받아들여 옥토가 된 자들이 마침내 열매를 맺어야 함을 보여주신다. 이는 성령의 열매로 훗날 주님 앞에 가져가는 영원한 열매다. 이렇듯이 지명과 인명 속에 하나님은 보다 큰 의미를 담아두셨다. 이런 내용들이 진리를 잘 보여주고 있다.

마음에 새기는 질문

1. 사람들이 세상에서 중요하다고 생각하는 것들을 한번 나열해 보자. 그것들과 성경에서 말하는 진리 사이에 다른 점은 무엇인가?

2. 성경을 왜 진리의 책이라 하는가?

3. 성경에서 주로 다루고 있는 주제는 무엇인가?

4. 성경은 하늘의 뜻을 전하는 책이다. 어떤 방법을 통해 하늘의 뜻을 담아두었는지 설명해보자.

2
가리워진 진리

그러나 그들의 마음이 완고하여 오늘까지도
구약을 읽을 때에 그 수건이 벗겨지지
아니하고 있으니 그 수건은 그리스도
안에서 없어질 것이라(고후 3:14)

모세의 얼굴에 덮인 수건, 즉 율법은 진리 위에 덮여진 수건이다. 율법 안에 담겨진 진리가 가려진 것이다. 진리가 가려짐으로 인해 얼마나 많은 영혼들이 천국으로 가는 길을 잃어버렸는가? 훗날 이 수건을 벗겨주러 오신 분이 예수 그리스도이시다.

에덴동산의 생명나무와 선악나무는 무엇을 의미하는가? 생명나무는 그리스도를 뜻한다. 훗날 예수가 오셔서 '내가 생명이다'라고 말씀하신다. 사람은 생명나무의 과실을 먹고 살아가야 한다. 이는 주님으로부터 오는 진리를 받아들여 그 말씀대로 살아가는 존재라는 뜻이다. 그러나 선악을 알게 하는 나무의 열매를 먹고 만 것이다. 생명나무의 열매를 거절하고 먹지 말라 하신 선악을 알게 하는 열매를 먹은 것이 죄의 시작이다.

선악을 알게 하는 열매를 먹은 인간은 스스로 선악을 분별한다. 인간의 시각은 인본주의적이며 육 중심의 가르침으로 이를 비진리라 한다. 결국은 본능적인 짐승과 같은 자들이 되고 만 것이다. 사탄은 우리를 미혹하여 세상의 가르침을 받아들이도록 한다. 종국에는 자신들의 세계로 데리고 가서 애굽에서 종노릇하던 이스라엘 백성들처럼 종으로 삼으려 한다.

죄의 결과로 생명나무의 길, 즉 진리의 길이 막히고 만 것이다. 결국은 인간 스스로가 막아버린 것인데 이는 우리에게 주신 자유의지를 남용한 결과이다. 인간에게 주신 선택의 권리를 잘못 사용하여 불순종의 길로 접어들고 만 것이다. 그런데도 놀라우신 사랑의 하나님은 예수 그리스도를 통하여 막혔던 길을 열어주신다. 예수가 오셔서 '길'이라 말씀하신 것이 바로 잃어버린 생명나무로 가는 길이었다. 그 길이 진리이다.

선악을 알게 하는 나무의 열매는 밖으로 보이는 현상을 기준으로 삼는 육신 중심의 잣대다. 사탄은 더 중요한 내면의 것을

> 이런 불행한 인생들의 모습을 성경에서는 온몸에 병이든 참담한 모습으로 표현한다. 이런 병든 자들을 고치는 중환자실의 명의(名醫)로 오신 분이 바로 예수이시다.

보지 못하게 밖의 것으로 미혹한다. 보고 만질 수 있는 것이 다인 양 생각하게 한다. 이런 사상들이 종국에는 유물론(唯物論)을 신봉하게 하여 인간의 영혼을 간과하는 유물론적 세계관을 가져오고 공산주의(共産主義)와 같은 체제를 만들어 내는 이론적 기조가 되고 말았다. 사탄의 미혹을 받은 자들의 특징은 무엇인가? '본즉 먹을 만하고 탐스러운' 보이는 현상을 따라 판단하면서 본질을 잃어버리고 만다. 양심이 화인 맞았단 말이다.

신명기 28장에는 축복과 저주에 대해 기록되어 있다. 축복은 하나님 말씀을 순종하는 자들의 몫이며 저주는 불순종하는 자들에게 돌아간다. 생명나무 열매인 진리를 먹고 마시는 자들에게는 축복이 오고 선악을 알게 하는 나무의 열매인 세상의 비진리를 먹고 마시는 자들에게는 저주스런 삶이 올 수밖에 없다. 편협한 인간의 판단을 기준으로 삼아 살아가는 자들이 받을 수밖에 없는 열매다. 육신적인 속성은 끊임없는 욕심과 쾌락을 추구하는 본능을 가지고 있기 때문이다.

불순종으로 인한 저주의 삶은 어떤 모습인가? 참으로 고통스럽고 만족함이 없는 삶이다. 더 더 하면서 끊임없는 어둠의 나락으로 사람들을 떨어지게 한다. 이 정도면 괜찮겠다 싶으면서도 비교의식으로 인한 열등감과 상대적 괴리감으로 자신을 불행의 자리로 계속 몰고 간다. 이런 삶 속에는 평강과 진정한 기쁨을 경험할 수 없다. 이런 불행한 인생들의 모습을 성경에서는 온몸에 병이든 참담한 모습으로 표현한다. 이런 병든 자들을 고치는 중환자실의 명의(名醫)로 오신 분이 바로 예수이시다.

봉인된 진리

너희는 놀라고 놀라라 너희는 맹인이 되고 맹인이 되라 그들의 취함이 포도주로 말미암음이 아니며 그들의 비틀거림이 독주로 말미암음이 아니니라(사 29:9)

우리는 진리가 어떻게 가려졌는지 이사야 29장에서 볼 수 있다. 가려진 것이 없어야 진리인데 가려졌다는 것은 이미 진리로서 역할을 하지 못하게 되었다는 것이다. 이 말씀 속에서 우리는 자칫 하나님을 맹인, 즉 영적인 맹인을 만드신 장본인으로 오해할 수 있다. 그러나 하나님은 그 어느 누구도 맹인으로 만드시는 분이 아니시다. 반대로 맹인들의 눈을 열어 분별력 있는 자들로 만드는 분이지 보는 자들의 눈을 감기는 분이 아니다. 하나님은 사랑 그 자체이심을 한순간도 잊어서는 안 된다. 여기서 포도주나 독주는 단지 마시는 술 이야기를 넘어 세상의 독한 가르침을 말한다. 이것은 사탄의 가르침이며 기복적인 가르침이다. 본능적인 세상의 즐거움을 추구하게 하는 악한 가르침이다.

> 대저 여호와께서 깊이 잠들게 하는 영을 너희에게 부어 주사 너희의 눈을 감기셨음이니 그가 선지자들과 너희의 지도자인 선견자들을 덮으셨음이라(사 29:10)

이 말씀에도 오해의 소지가 있을 수 있다. 하나님이 사탄을 시켜서 우리의 영혼을 잠들게 하였다고 말이다. 과연 그럴까? 만약 영적인 잠에 빠지게 된 원인이 하나님이라면 그 책임 또한 하나님께 있다. 만약 그렇다면 하나님이 스스로 범죄 하게 하고 분노하는 모습을 어떻게 설명할 것인가? 이는 마치 에덴동산의 선악과를 만드시고 그것을 먹도록 부추긴 것은 아닌가 하는 오해를 하게 되는 것과 같은 이치이다. 에덴의 범죄가 우리 스스로 택한 죄의 결과이듯이 세상의 악한 가르침을 사람들 스스로 받아들인 결과를 독한 술과 포도주에 빗대어 말씀하신 것이다. 이것이 바로 에덴동산의 선악을 알게 하는 열매인 것이다. '깊이 잠들게 하는 영'은 우리의 영혼을 잠들게 하는 악한 영을 가리킨다. 이들은 에덴동산 이후로 끊임없이 우리의 영혼을 사냥하려고 기회를 엿보는 자들이다. 눈이 감기면 사물을 인지할 수 없듯이 영적인 눈이 감기니 하나님을 볼 수 없게 되었다. 영이신 하나님을 육신의 시력으로 인지할 수 없기 때문이다. 이는 진리이신 하나님을 알지 못하게 되었다는 의미다. 진리가 덮여버린 것이다.

결국 성경책이 '봉한 책'(사 29:11)이 되고 말았다. 비록 글자는 읽을 수 있을지 몰라도 그 안에 담긴 본질적인 뜻을 잃어버리고 만 것이다. 사람들이 성경 말씀에 대해 가르쳐 달라고 해도 가르쳐 주지 못한다. 자신들도 모르기 때문이다. 이는 단지 성경을 읽어달라는 말이 아니다. 영적인 책이기 때문에 그 영적인 의미들에 대해 물어도 대답할 수 없는 영적인 맹인이 되었다. 결국 진리가 가려졌다는 말이다. 진리를 잊어버린 자들이 자신들의 생각에 따라 말씀을 가르쳐왔다. 사람들의 시각에서 하나님의 뜻을 이해하려고 하니 다른 생각들이 가미되어 갔다. 점차 진리를 왜곡하고 가감하면서 급기야는 인간의 시각에 맞춘 인본주의적인 교리를 만들어 내었다. 자신들의 입장에서 만들어 낸 교리로 인해 끝없는 논쟁과 집단 간의 배척이 있었던 것을 교회사를 통해 알 수 있다. 물론 지금도 그 선상에 있지만 말이다.

하나님이 가증히 여기신 제사가 있다. 하나님이 기뻐하시는 예배를 잃어버린 영적으로 맹인 된 자들이 드리는 제사다. 하나님의 영광을 구하고 그 뜻에 따라 살아가려는 마음을 올려드리는 향기로운 예배가 되어야 하는데 자기 영광을 추구하고 세상의 복을 구하는 '헛된 제사'(사 1:13)가 된 것이다. 하나님은 이것을 가증스럽다고 하신다. 이 땅에 오신 예수는 이런 참담한 모습을 보시고 무어라 하셨는가? 헛된 예배라 하신다. 아무리 많은 예배를 드리고 헌물을 바쳐도 소용이 없다 하신다. 얼마나 끔찍한 일인가?

> 사람의 계명으로 교훈을 삼아 가르치니 나를 헛되이 경배하는도다 하였느니라 하시고(마 15:9)

수건에 덮인 진리

> 그러나 그들의 마음이 완고하여 오늘까지도 구약을 읽을 때에 그 수건이 벗겨지지 아니하고 있으니 그 수건은 그리스도 안에서 없어질 것이라 오늘까지 모세의 글을 읽을 때에 수건이 그 마음을 덮었도다.(고후 3:14~15)

말씀에 수건이 덮여 있다면 볼 수가 없다. 이는 글자는 알지만 그 안에 담긴 진리는 보지 못한다는 말이다. 하나님은 밖으로 보이는 것 안에 본질적인 내용들을 담아뒀는데 글씨는 읽지만 그 안의 내용을 보지 못하는 자들이 된 것이다. 자연과 역사에 대한 지식은 있지만 정작 이를 통해 드러내고 싶어 하시는 진리에 대해서는 무지한 영적인 맹인들이 된 것이다. 육신의 눈은 비록 2.0 이상일지라도 영적인 눈은 심각한 마이너스 상태여서 사물을 분별하기 어렵게 되어버렸다. 생명나무의 열매인지 선악을 알게 하는 나무의 열매인지 분간조차 못하는 지경에 이른 것이다. 이 말씀을 이해하기 위해서는 모세가 시내산 위에서 십계명의 돌판을 받는 장면을 살펴볼 필요가 있다.

이처럼 말씀 앞에 섰을 때 말씀의 빛이 마음 땅을 비추어 어둠이 떠나가고 빛과 같이 환해지는 것이다.

하나님의 영광이 임하실 때 모세의 얼굴에 빛이 났다.(출 34:29) 무척이나 밝은 광채였다. 이처럼 말씀 앞에 섰을 때 말씀의 빛이 마음 땅을 비추어 어둠이 떠나가고 빛과 같이 환해지는 것이다. 이런 사람은 마음만이 아니고 얼굴에도 평강과 기쁨이 드러나게 마련이다. 참 멋진 장면 아닌가? 훗날 변화산 위에 서신 예수의 빛난 얼굴이 떠오르지 않는가? 그런데 백성들은 모세 얼굴의 밝은 빛을 보고 두려워한다. 어둠의 사람들에게 빛이 다가오면 두려움이 엄습하게 되는데 이는 어둠은 빛을 싫어하기 때문이다. 모세는 백성들이 빛을 감당하지 못하자 얼굴을 수건으로 가린다.(35절) 이것을 빗대어서 바울은 모세 얼굴에 덮인 수건처럼 '율법 위에 가려진 수건'이라고 표현하였다. 즉 진리가 가려졌다는 것이다. 모세 하면 율법과 일맥상통하기 때문이다. 진리를 볼 수 있어야 하는데 받아들일 마음의 상태가 안 된 사람들이 초등학문에 붙들려 더 중요한 본질적인 가르침을 받아들이지 못하고 말았다. 이것이 바로 애굽의 삶이다.

빛을 잃은 진리

이제는 너희가 하나님을 알 뿐 아니라 더욱이 하나님이 아신 바 되었거늘 어찌하여 다시 약하고 천박한 초등학문으로 돌아가서 다시 그들에게 종노릇 하려 하느냐(갈 4:9)

이렇게 진리가 수건에 덮여있으니 도덕과 윤리 수준의 가르침을 면할 수 없었다. 물론 이러한 가르침도 필요하나 진리는 이러한 인본적인 가르침을 뛰어넘는 하늘의 가르침이다. 이를 깨달은 사도 바울은 반복해서 이런 실태를 언급하며 초등학문으로 돌아가지 말라고 책망한다. 여기서 초등학문은 글자 그대로의 규례인 율법을 말한다. 바울은 종교행위에 머물고 마는 율법주의의 비극을 경고하고 있다. 이러한 규례로는 외면적 행위를 제어하는 역할은 할 수 있지만 정작 사람의 근본이 되는 마음을 변화시킬 수는 없기 때문이다. 초등학문도 필요하나 여기에 머물러 있으면 안 된다. 중학교 고등학교를 거쳐 대학으로 진학을 해야 하는데 계속 초등학교에 유급한다면 이런 자녀를 둔 부모의 마음이 오죽할까? 때가 되어 성장해야 하는데 성장하지 않는 자들을 향한 하나님의 아픈 탄식이다. 어릴 때는 밖에 보이는 것이 다인 양 살아가나 나이가 들어 지각이 발달하면 더 중요한 그 무엇이 있음을 알게 된다. 곧 믿음과 소망과 사랑이 얼마나 중요한가를 알아가는 것이다. 보이지 않지만 공기나 태양으로부터 오는 햇살은 얼마나 귀한가?

눈먼 지도자들

그때에 내가 그들에게 밝히 말하되 내가 너희를 도무지 알지 못하니 불법을 행하는 자들아 내게서 떠나가라 하리라(마 7:23)

도덕과 윤리 수준의 초보에 머물렀다는 것은 하나님의 법대로 하지 않았다는 뜻이다. 여기서 법은 하나님의 뜻인 진리를 말한다. 이렇게 법대로 하지 않은 거짓 선지자들을 엄하게 책망한다. 이 정도의 열정으로 사역했던 자라면 훗날 주님 앞에 갔을 때 큰 기대를 했을 것이나 칭찬은커녕 도무지 그를 알지 못한다는 충격적인 말을 듣는다. 기억이 나지 않는 것도 아니고 도무지 모르겠다고 하신다. 왜 그러셨을까? 이는 불법으로 했기 때문이다. 즉 법대로 하지 않은 것이다. 단지 세상의 인본주의적인 도덕과 윤리로 가르쳤을 뿐 아니라 더 나아가 세상에 만연한 육신 중심의 가르침인 비진리를 가르쳤다는 질책이다. 이 말씀을 결코 저들의 이야기로만 한정지어서는 안 된다. 성경은 오늘도 동일하게 우리에게 역사하는 살아있는 말씀이기 때문이다.

예수는 서기관들과 바리새인들을 향해 엄히 책망한다. 겉은 그럴듯하게 보이나 안은 더럽다는 것이다.(마 23:28) 외식으로 겉만 그럴듯하고 안은 엉망인 사람, 스펙은 화려하나 실력은 형편없는 사람, 단지 도덕과 윤리 수준에서 임시방편적인 땜질 수리만 하는 사람들에 대한 안타까움에서 나오는 질책이다. 진리를 알지 못하면 아무리 수고하고 애써도 헛수고가 될 수 있음을 잊어서는 안 된다.

마태복음 23장에서도 예수는 당시의 교회 지도자들을 향해 '눈 먼 바리새인'이라고 혹독하게 질책한다. 무엇보다 지도자들의 역할이 중요하기 때문이다. 일곱 화(禍)라고도 일컬어지는 말씀에서 대접의 겉은 깨끗이 하나 안은 더럽다고 말한다. 이를 외식(外飾)이라 하시면서 먼저 안을 깨끗이 하라고 하신다. 안에 있는 것은 마음으로 사람의 근본인데 이를 소홀히 한 채 종교행위만 강조한다는 말씀이다. 성경을 통해 말씀하고 싶은 본질적인 뜻은 모르고 단지 글자만 아는 영적인 맹인이 되었기 때문이다.

하나님의 계획

하나님은 눈먼 자들을 그냥 방관하실 수 없는 사랑의 하나님이시다. 진리 위에 수건이 덮여짐으로 길을 잃은 자들에게 수건을 벗겨주러 오신 것이다. 이렇게 영적인 눈을 뜨게 해주시겠다는 약속이 성경 곳곳에 기록되어 있다. 이사야 29장에는 맹인이 된 지도자들에 대해 엄하게 책망하면서도 끝내는 회복의 말씀이 기록되어 있다. '그 날'(사 29:18)이 되면 기필코 맹인의 눈을 뜨게 해주겠다고 말이다. 맹인의 눈이 뜨여진다는 것은 듣는 귀가 열린다는 의미이기도 하다. 단지 글자만이 아니라 그 글자 속에 있는 본질적인 의미를 보는 눈이 열리는 것이다. 세상의 소리에만 민감한 것이 아니라 하나님의 말씀에 민감한 귀가 되어가는 것이다. 눈을 떠서 진리를 보게 되니 하나님의 뜻을 분별하게 되고 인생의 목표를 알게 된다. 이런 사람은 더욱 진리의 가르침을 사모하게 마련이다. 이사야 42장에서 이사야는 '하나님의 영으로 충만한 메시아'(사 42:1)가 오실 것을 약속하면서 눈먼 자들을 향해 '갇혀 사는 자'(사 42:7)라고 표현하는데 이 역시 욕심의 감옥으로 육신의 욕망을 따라 살아가려는 자들이다. 구약의 마지막 책 말라기에도 진리의 법을 입술에 담고 오실 메시아에 대해 예언하고 있다.

눈을 떠서 진리를 보게 되니 하나님의 뜻을 분별하게 되고 인생의 목표를 알게 된다. 이런 사람은 더욱 진리의 가르침을 사모하게 마련이다.

그의 입에는 진리의 법이 있었고 그의 입술에는 불의함이 없었으며 그가 화평함과 정직함으로 나와 동행하며 많은 사람을 돌이켜 죄악에서 떠나게 하였느니라(말 2:6)

마음에 새기는 질문

1. 이사야 29장에 기록된 '깊이 잠들게 하는 영'은 무엇을 말하는 것인지 진리와 관련지어서 그 의미를 이야기해보자.

2. 바울은 고린도후서 3장에서 오늘까지도 구약을 읽을 때에 그 수건이 벗겨지지 않았다고 말한다. 진리가 수건에 덮여있다는 말의 구체적인 의미는 무엇인가?

3. 진리가 가려진 결과 도덕과 윤리 수준에 머물렀다는 뜻은 무엇을 말하는가?

4. 마태복음 7장의 '불법'이란 구체적으로 무엇을 말하는 것인가?

3

진리로 오신 예수 그리스도

내가 곧 길이요 진리요 생명이다. (요 14:6)

예수는 진리 그 자체로 오셨다. 수건이 벗겨진 말씀이다. 맹인들의 눈을 뜨게 하여 진리를 보게 하고 마침내 생명의 길을 가게 하시려고 오신 것이다. 약속대로 때가 되어 오신 메시아, 예수를 찬양하라!

참 빛 곧 세상에 와서 각 사람에게 비추는 빛이 있었나니(요 1:9)

'참'은 ἀληθινος(알레디노스)로 '진리'라는 명사 ἀλήθεια(알레데이아)의 형용사 형태이다. 즉 '진리의'라는 의미다. 예수는 참 빛, 즉 진리의 빛으로 오셨다. 어둠이 짙어 길을 잃은 사람들에게 길을 비추어주시려고 오신 것이다. 인생의 참 기쁨을 잃어버리고 혼돈과 공허함으로 살아가는 사람들의 마음 땅을 비춰주려고 오셨다. 더 나아가 요한은 예수를 '은혜와 진리가 충만하신 분'(요 1:14)으로 소개하고 있다. 그 사람의 됨됨이는 그 사람이 지니고 있는 생각들이다. 어떤 생각을 지니고 있는가에 따라서 이런저런 사람이라고 이야기하기 때문이다. 예수가 은혜와 진리로 충만하셨다는 것은 은혜, 즉 사랑으로 가득 찼으며 진리 그 자체라는 의미다. 그러므로 입을 여실 때마다 충만한 진리가 흘러나온 것이다. 예수는 자신을 '길과 진리와 생명'(요 14:6)이라고 하였다. 세상에 많은 길이 있지만 예수의 입을 통한 진리만이 영원한 생명의 나라로 인도하실 수 있기 때문이다.

요한복음 15장에 기록된 포도나무 비유는 포도 열매를 맺기 위해서는 줄기에 붙어있어야 하듯이 신자가 성령의 열매들을 맺기 위해서는 예수에게 붙어 있어야 한다는 것을 보여준다. 진리에서 공급되어지는 신령한 하늘의 양식으로 인해 열매가 맺어지기 때문이다.

예수의 이름

지금까지는 너희가 내 이름으로 아무 것도 구하지 아니하였으나 구하라 그리하면 받으리니 너희 기쁨이 충만하리라(요 16:24)

'내 이름', 즉 '예수의 이름'으로 구하라는 뜻이 무엇인가? 이름인 '예수' 그 자체에 능력이 있다는 말씀일까? 사도행전 19장에 보면 재미있는 장면이 나온다. 바울이 두란노 서원에서 사역하는 동안 많은 병자를 고쳐주었는데 이를 본 자들도 그를 따라 했다. 그들 중에 스게와의 일곱 아들 역시 바울을 흉내냈으나 결과는 참담했다. 귀신을 쫓아내기는커녕 그들에게 혼쭐이 난다. 그들도 분명 '예수의 이름으로 나가라'고 선포했는데 말이다. 여기서 우리는 단지 예수의 이름만을 말하는 것이 아님을 알게 된다. 예수가 오셔서 진리를 가르치심으로 모세의 율법에 덮인 수건을 벗겨주셨다. 지금까지는 모세를 통해 준 말씀을 의지해 구했으나 이제부터는 예수를 통해 준 말씀, 즉 진리에 의지해 구해야 함을 말하는 것이다. 요한계시록에서는 백마 탄 그리스도의 이름을 '하나님의 말씀'(계 19:13)이라고 선포하고 있다.

볼지어다 내가 네 앞에 열린 문을 두었으되 능히 닫을 사람이 없으리라 내가 네 행위를 아노니 네가 작은 능력을 가지고서도 내 말을 지키며 내 이름을 배반하지 아니하였도다(계 3:8)

이 말씀은 일곱 교회 중 여섯 번째인 빌라델비아 교회에 대한 칭찬으로 예수의 이름을 배반하지 않았다는 내용이다. 즉 유대인들의 갖가지 회유와 핍박 하에서도 진리를 굳게 지켰다는 말씀이다.

완전해진 율법

내가 율법이나 선지자를 폐하러 온 줄로 생각하지 말라 폐하러 온 것이 아니요 완전하게 하려 함이라(마 5:17)

예수는 율법과 선지자, 즉 구약성경 전체를 언급하시면서 이를 없애러 온 것이 아니고 완전케 하러 왔다고 하신다. 그렇다면 모세에게 주신 말씀이 완성되지 않은 미완성의 말씀이었다는 이야기인가? 여기서 '완전하다'는 헬라어는 πληρόω(플레로오)인데 이는 '완전하게 하다'라는 뜻 외에도 '채우다, 충만하게 하다'라는 뜻이 있다. 이는 그릇 안에 내용물을 채우러 오셨다는 의미로 그릇은 있는데 비워져 있다는 말씀이다. 혹은 있더라도 일부만 있기 때문에 충만하게 채워주러 오셨다는 것이다. 여기서 그릇에 해당되는 것이 바로 율법과 선지서인 구약 성경 자체를 가리킨다. 그러기에 채워야 할 내용은 그 글자 안에 담고 있는 본질적인 뜻으로 이 내용물이 곧 진리다.

구약성경은 이스라엘의 역사와 사건, 규례의 내용을 담고 있다. 그런데 그 '이야기'(story) 속에 진리에 관한 내용을 담아 놓으셨다. 이 진리는 이스라엘에만 해당되는 것이 아니고 문화와 풍습이 다르더라도 모든 민족들에게 공히 적용되는 사항이다. 영적일 수밖에 없는 이유가 여기에 있다. 시대가 바뀌고 인종이 달라도 우리의 영혼은 변함이 없기 때문이다.

변화산 사건에서도 바로 이러한 의미를 찾아볼 수 있다. 변화산에서 등장한 모세는 율법의 대표이고 엘리야는 선지서의 대표이다. 모세와 엘리야가 예수와 무슨 대화를 했을까? 모세와 엘리야는 이제 자신들의 역할이 끝났다는 것을 알았다. 이제는 약속하신 메시아가 오셨기에 그림자로서의 역할은 여기까지라는 것을 말이다. 예수는 그들에게 수고했다라는 격려의 말씀을 해주셨을 것이다. 진리를 담은 그릇을 보존하는 것이 이들의 역할이었기 때문이다. 이제는 예수의 가르침을 받으면 된다. 진리 그 자체가 오셨기 때문이다.

새 포도주

사흘째 되던 날 갈릴리 가나에 혼례가 있어 예수의 어머니도 거기 계시고 예수와 그 제자들도 혼례에 청함을 받았더니(요 2:1~2)

예수가 초대받으신 혼인잔치는 예배를 의미한다. 이는 영의 양식을 먹고 마심으로 신랑이신 그리스도와 아내인 교회가 하나 되는 자리이다. 예수의 천국비유 중 임금이 아들의 혼인잔치에 사람들을 초대하는 기록도 예배의 자리에 초대하는 것을 의미한다. 그리고 바쁘다고 오지 않은 사람들을 향한 이 임금의 분노가 바로 우리 주님의 분노이시다. 잔치 자리에서 포도주는 기쁨을 주는 가장 귀한 것인데 이 포도주가 떨어진다. 예수가 잔치 자리에 오시고 난 후에 포도주가 떨어지는데 바로 여기에 중요한 의미가 있다. 어떻게 되었는가? 돌 항아리 여섯에 물을 채워 손님들에게 주었는데 전에 나왔던 것보다 나중에 나온 포도주가 더 좋았다. 취하게 되면 어차피 맛을 잘 구별하지 못하니 질이 낮은 것을 내는 것이 일반적이었는데 반대로 한 것이다. 이 사건을 통해 깨닫게 해주시려는 하나님의 의도는 옛 포도주의 시대가 끝나고 새 포도주의 시대가 왔다는 선포이다. 즉 모세를 통해 주신 율법이 아니라 예수가 오셔서 드러내신 진리를 따를 때가 왔다는 의미다. 이것이 첫 표적이 가진 중요한 의미다. 이런 맥락에서 예수는 '새 포도주는 새 부대에'(마 9:17)라고 말씀하신다. 새 포도주는 예수를 통해 주신 진리이고 포도주를 담는 부대는 우리 자신으로 이제는 진리를 받아들여야 한다는 뜻이다. 이렇게 될 것에 대해 이미 요엘서(2:19)와 스가랴서(9:17)에서도 '새 포도주'에 빗대어 진리가 주어질 것을 기록하고 있다.

새 언약

여호와의 말씀이니라 보라 날이 이르리니 내가 이스라엘 집과 유다 집에 새 언약을 맺으리라 이 언약은 내가 그들의 조상들의 손을 잡고 애굽 땅에서 인도하여 내던 날에 맺은 것과 같지 아니할 것은 내가 그들의 남편이 되었어도 그들이 내 언약을 깨뜨렸음이라 여호와의 말씀이니라(렘 31:31~32)

예레미야 31장에는 새 언약에 대한 내용이 기록되어 있다. 언약은 히브리어 בְּרִית(베리트)로 '언약, 계약'이라는 뜻인데 지금까지와는 다른 새로운 언약을 맺으시겠다는 하나님의 선언이다. 지금까지 맺은 언약은 모세를 통해 주신 율법으로 이스라엘 백성들과 맺은 언약이다. 그런데 때가 되면 새 언약을 맺으시겠다는 약속을 오래전부터 말씀하신다. 여기서 언약을 깨트리셨다는 것이 무슨 말씀일까? 모세가 시내산에서 돌판의 말씀을 받는 동안에 이스라엘 백성들은 금송아지를 만들었다. 돌판을 가지고 내려오던 모세가 분노하여 돌판을 깨트려 버리는데 이는 하나님의 분노가 모세를 통해 표출된 것이다. 이 사건을 되돌아보시면서 이제는 새로운 언약을 맺으시겠다 하신다.

돌판에 새기는 것이 아니라 '마음에 기록하겠다'(렘 31:33)고 하신다. 이 말은 단지 말씀을 외운다거나 기억하는 것을 의미하는가? 이는 글자로서의 언약이 아니라 안에 있는 본질의 뜻을 밝혀 그것으로 언약을 맺겠다는 의미다. 이 본질의 뜻이 진리로 글자 안에 담긴 중요한 영적인 내용이다.

성찬식 때에도 잔을 주시면서 '새 언약'(눅 22:20)이라 말씀하신다. 즉 우리에게 생명의 피가 되게 하는 생명의 말씀이라는 뜻이다. 베드로가 '영생의 말씀이 주께 있사오니 우리가 누구에게로 가오리이까'라고 고백하였던 바로 그 진리이다. 예수로 인해 율법에 드리웠던 수건이 벗겨지고 난 후에 드러난 본질이다.

다메섹 도상에서 그리스도를 만나고 진리에 대해 가르침을 받은 사도 바울은 자신을 '새 언약의 일꾼'(고후 3:6)이라고 소개한다. 이에 반해 모세의 율법을 붙들고 사역하는 자들을 옛 언약의 일꾼이라 부른다. 많은 바리새인과 사두개인들이 영을 살리는 사역을 하는 것이 아니고 죽이는 사역을 하였다는 뜻이다. 이들은 종교적 규례에 얽매인 자들로 영적인 눈이 감긴 맹인들이었다.

새 계명

새 계명을 **너희**에게 주노니 서로 사랑하라 **내가 너희**를 사랑한 것 같이 **너희도** 서로 사랑하라(요 13:34)

요한복음 13장에 나오는 새 계명은 어떤 의미일까? 예수는 새 계명을 주겠다면서 서로 사랑하라고 말씀하신다. 그렇다면 지금까지의 십계명은 폐지하겠다는 의미일까? 서기관들과 대화하시면서 가장 큰 계명에 대해 질문한 그들에게 '하나님 사랑과 이웃 사랑'(막 12:29~31)의 두 가지 계명이 가장 중요하며 이보다 더 큰 계명이 없다고 하셨다. 그런데 얼마 가지 않아서 이제 한 가지로 된 새 계명을 주신다면 앞뒤 말씀이 일치하지 않는다. 사실 여기서 말씀하시는 새 계명은 새 언약의 또 다른 표현이다. 하나님을 사랑한다 하면서도 사람들은 겉으로만 그런 척했다. 이웃 간의 사랑도 그렇고 말이다. 예수는 이를 외식이라 하시면서 누차 질책하신 것이다. 예수는 이렇게 외식에 머문 것은 말씀을 오해하기 때문임을 아셨다. 즉 본질의 말씀인 진리를 통해 근본적으로 마음을 새롭게 변화시켜야 하는데 초등학문 수준에 머물다가 외식으로 흘러가고 말았다는 이야기다. 그러니 이제는 새 계명, 즉 진리를 온전히 깨달아 마음 안으로부터 근본적으로 변화하라는 말씀이다. 하나님의 사랑을 온전히 깨달아 진정으로 서로 사랑하는 자들이 되라는 것이다.

레마

살리는 것은 영이니 육은 무익하니라 내가 너희에게 이른 말은 영이요 생명이라(요 6:63)

요한복음 6장 63절은 영과 육에 대한 말씀이다. 육은 짐승 같은 삶에 처하도록 하는 악한 영의 가르침으로 육 중심이다. 반면에 영은 거룩한 영을 언급하는 것으로 하나님 자신이다. 그런데 예수는 당신이 하신 말씀을 영이라고 하시며 나아가서 생명이라고 하신다. 여기서 '이른 말'은 헬라어로 τὰ ῥήματα ἃ ἐγω λελάληκα(타 레마타 아 레고 렐라레카)로 이는 '내가 너희에게 말해왔던 그 말'(ῥῆμα, 레마)이라는 의미다. 여기서 '레마'를 '말'로 번역하였으나 이 단어는 예수가 하신 말씀, 즉 새롭게 선포하신 진리의 말씀에 대해 특별하게 사용되고 있음을 알 수 있다. 즉 '내가 지금까지 말해왔던 그 레마'가 영이요 생명이라는 의미다. 이런 의미에서 우리가 통상 규티를 하거나 성경을 읽으면서 내게 주시는 말씀을 '레마'로 생각하는 것과는 차이가 있음도 알게 된다.

이제는 새 계명, 즉 진리를 온전히 깨달아 마음 안으로부터 근본적으로 변화하라는 말씀이다.

요한복음 6장에는 오병이어의 기적 사건이 기록되어 있기도 하다. 사람들이 놀라운 기적 앞에 모여들어 인산인해(人山人海)를 이루나 정작 예수가 진리에 대해 가르치자 이들은 어렵다며 떠나간다. 사람들의 관심은 늘 육신의 소유에 있었기 때문이다. 반면에 예수의 관심은 영의 양식이었다. 사마리아 여인의 이야기 속에서도 예수는 제자들이 가져온 양식을 앞에 두고서 나의 양식은 따로 있다고 하신다. 이는 사마리아 여인과의 깊은 대화를 통해 이미 영적 포만감이 있으셨음을 의미한다. 그런데 오병이어의 기적을 체험한 사람들이 예수님께서 말하신 진리의 내용이 어렵다며 떠났으니 그분의 마음이 얼마나 허탈하셨을까? 정작 먹어야 할 하늘의 양식에는 관심이 없고 오직 보이는 이적과 기적만을 추구하는 자들이었으니 말이다.

이때 예수가 제자들에게 물어본다. '너희도 가려느냐?'라고 말이다. 이 질문에 대해 베드로는 '영생의 말씀'(68절)을 언급하며 어디로 가겠느냐고 대답한다. 이 답변을 들은 예수의 마음이 얼마나 기쁘셨을까? 그동안 가르친 보람이 있다 싶으셨을 것이다. 여기서 '영생의 말씀'이란 답변에서 '말씀'이란 단어가 바로 헬라어의 '레마'이다. 즉 영생으로 가게 하는 '진리'(레마)가 있으니 이제는 떠나지 않겠다는 확신에 찬 고백이다. 또한 예수는 모세의 글과 구별하여 자신의 말씀을 '레마'로 표현하셨다.

에베소서 6장의 전신갑주(全身甲冑) 말씀에서 마지막에 언급하신 '성령의 검인 하나님의 말씀'에 사용된 단어도 '레마'이다. 즉 진리의 검으로 싸울 때 승리할 수 있다는 뜻이다.

> 오직 주의 말씀은 세세토록 있도다 하였으니 너희에게 전한 복음이 곧 이 말씀이니라(벧전 1:25)

베드로의 고백인 이 말씀도 '레마'로 '영생의 말씀이 주께 있사오니 우리가 누구에게로 가오리이까'라고 담대하게 고백하였던 베드로는 누구보다도 진리인 레마의 말씀을 가슴 깊이 새겼던 것이다. 그야말로 바울이 언급하였던 새 언약의 일꾼된 모습이다.

수건이 벗겨진 말씀

사도 바울은 자신이 새 언약의 일꾼이라는 자부심이 대단했다. 모세의 율법으로 인한 사역도 귀한 것이나 이제는 예수 그리스도로 인한 진리의 일꾼이 되었기 때문이었다. '율법조문'은 헬라어 γράμμα(그람마)로 '문자, 글자'라는 뜻이다. 그래서 영어 성경에서는 주로 'letters'로 번역하고 있다. 즉 '새 언약의 일꾼'은 '글자 그대로' 사역하는 자가 아닌 그 안에 담겨진 '진리의 일꾼'이라는 의미다.

> 그러나 그들의 마음이 완고하여 오늘까지도 구약을 읽을 때에 그 수건이 벗겨지지 아니하고 있으니 그 수건은 그리스도 안에서 없어질 것이라 오늘까지 모세의 글을 읽을 때에 수건이 그 마음을 덮었도다 그러나 언제든지 주께로 돌아가면 그 수건이 벗겨지리라(고후 3:14~16)

> 구약에 수건이 덮여 있다는 말의 의미는 글자에 붙들려 있어 글자 안으로 들어가지 못한다는 뜻이다.

구약에 수건이 덮여 있다는 말의 의미는 글자에 붙들려 있어 글자 안으로 들어가지 못한다는 뜻이다. 보이는 것이 다인 양 살아온 자들이기에 더 중요한 안의 본질을 못 보는 것이다. 이것을 수건으로 빗대어서 말씀하신다. 마치 어린아이가 달이 아니라 달을 가리키는 할아버지의 손가락만 본다는 견지망월(見指忘月)이란 말처럼 말이다. 좀 더 커서 이해력이 향상되어야 달을 보게 된다. 거기에 더해 영적인 안목이 있으면 달뿐 아니라 달을 만드신 창조주 하나님까지 보게 된다. 이렇게 얼굴에 가려진 수건이 걷혔을 때에야 볼 수 있는 말씀이 진리이다.

그 중에 이 세상의 신이 믿지 아니하는 자들의 마음을 혼미하게 하여 그리스도의 영광의 복음의 광채가 비치지 못하게 함이니 그리스도는 하나님의 형상이니라(고후 4:4)

여기서 언급한 '이 세상의 신'은 바로 사탄으로 에덴동산에서 선악을 알게 하는 열매를 먹게 한 자다. 생명나무이신 그리스도의 진리로 가지 못하게 한 악한 영이다. 이것이 바로 이사야 29장에 나오는 '깊이 잠들게 하는 신'이다. 영적인 잠에 빠지게 하는 어둠의 신으로 빛이신 주님의 진리를 가리는 자들이다. 이런 악한 영에 의해 눈이 가려진 맹인들이기에 불법을 행할 수밖에 없고 마침내 어둠의 나락으로 떨어지게 된다. 그리스도는 이런 자들의 눈을 뜨게 해 진리를 보게 하시려는 것이다.

순전한 떡

예수와 제자들과의 대화를 보면 마치 사오정의 대화 같다는 생각이 든다. 예수는 하늘의 뜻을 말씀하시는데 제자들은 땅의 차원에서 듣고 있기 때문이다. 예수는 진리에 대해 말씀하시는데 제자들은 율법의 글자에 얽매여 있다. 마태복음에는 예수가 '바리새인과 사두개인의 누룩'(마 16:11~12)에 대해 언급하시면서 이를 조심하라고 당부하는 장면이 나온다. 그러자 제자들이 떡 가져오는 것을 잊은 자신들을 책망하시는 말씀으로 받아들인다. 제자들은 방금 전에 칠병이어의 기적을 통해 충분한 떡을 체험했던 터라 당연히 육신의 먹거리이겠거니 생각한 것이다. 그러나 예수는 떡의 누룩이 아니고 바리새인과 서기관들의 누룩과 같은 잘못된 가르침을 말씀하신 거였다. 누룩은 떡 반죽에 들어가 부풀리게 하여 실제보다 더 그럴듯하게 보이도록 한다. 그뿐 아니라 달콤한 맛으로 바꾸어준다. 이렇게 예수는 누룩에 빗대어서 진리를 왜곡한 저들의 잘못된 가르침을 말씀하신다. 세상의 달콤한 맛을 섞어서 진리의 순전한 맛을 변형시킨 왜곡된 가르침에 대한 경고다.

> 너희는 누룩 없는 자인데 새 덩어리가 되기 위하여 묵은 누룩을 내버리라 우리의 유월절 양 곧 그리스도께서 희생되셨느니라
> (고전 5:7)

예수가 오셔서 진리를 가르치시자 서기관과 바리새인들은 격렬하게 반대했다. 이들은 이미 모세의 율법으로 기반을 잡은 성공한 기득권자들이었기 때문이다. 사람들의 존경을 한 몸에 받고 사회적 신분뿐 아니라 부까지 축적한 자들이었다. 특히나 사두개인들은 성전의 제사를 독점하면서 많은 부를 쌓았다. 그런데 예수라는 젊은이가 나타나서 자신들의 입지를 흔들었다. 모세의 율법을 완전케 하러 왔다느니 하면서 모세의 율법을 건드리는 예수를 가만히 놔둘 수 없었다. 영적 맹인인 이들은 예수의 새로운 가르침을 거절했을 뿐만 아니라 더 나아가서 죽이려고 한 것이다. 결국 예수는 누룩으로 비유된 이들의 비진리에 의해 배척당하고 마침내 희생 당했던 것이다. 우리 역시 진리를 배척할 때 진리이신 주님을 죽음의

진리를 배척할 때 진리이신 주님을 죽음의 사지로 몰아넣는 동일한 죄를 범하고 있다는 사실을 잊어서는 안 된다.

사지로 몰아넣는 동일한 죄를 범하고 있다는 사실을 잊어서는 안 된다. 이어서 바울은 '순전함과 진실함의 떡'(고전 5:8)을 언급하는데 이 역시 진리이신 예수가 오셔서 드러내신 누룩이 제거된 말씀을 뜻한다.

자유의 선포

예수는 안식일에 회당에서 성경을 펼치시고 이사야 61장 말씀을 하신다. 곧 '포로된 자와 눌린 자에게 자유를 주러 왔다'(눅 4:18~19) 하시며 '은혜의 해'를 선포하신다. 은혜의 해는 희년으로 종 된 모든 자들에게 자유를 주는 오십 년마다 돌아오는 해이다. 그러시면서 희년으로 회복되기 위해서는 눈을 먼저 떠야 한다고 하신다. 눈먼 자에게 눈을 뜨는 것보다 더 큰 기쁨의 소식이 있을까? 이는 곧 수건에 가려진 율법 속에 담겨진 진리를 보는 눈이 뜨여지는 것이다. 수건에 덮인 말씀으로 인해 얼마나 많은 사람들이 힘겨운 율법의 짐, 즉 종교행위의 짐을 지고 살아가는 자들이 되었는지 모른다. 궁극적으로는 무엇보다 죄의 짐을 벗어버려야 하는데 이 짐을 벗기 위해서는 죄가 무엇인지를 제대로 알아야 한다. 즉 진리를 바로 알아야 한다.

또한 '무거운 짐'(마 11:28)을 말씀하신다. 인생 여정 자체가 무거운 짐이다. 삶의 자리가 그렇게 만만하지 않기 때문이다. 그러나 실상 깨닫고 보면 만족함이 없는 욕심에서 비롯된 것임을 알아가게 된다. 예전과 비교하면 많이 좋아졌는데도 족함이 없는 마음에 더 더 하며 원망과 불평으로 살아간다. 이런 근본적인 욕심의 짐들을 해결하라고 하늘의 능력 있는 말씀을 주셨건만 맹인 선생들을 만나 단지 율법적인 규례로만 생각하여 오히려 인생의 짐을 늘려갔던 것이다. 일례로 안식일만 해도 얼마나 지켜야 할 것이 많았던가? 숨이 턱턱 막힐 지경이 되고 만 것이다.

진리를 알지니 진리가 너희를 자유롭게 하리라(요 8:32)

진리만이 종교행위에서 벗어나게 한다. 지금도 율법에 붙들려 참 자유를 빼앗긴 많은 유대인들의 모습을 우리는 알고 있지 않은가? 그러나 방심은 금물이다. 뒤에 차차 더 언급하겠지만 우리 역시 이런 면에서 자유롭지 못하다 하시는 주님의 음성을 들어야 한다. 유대인들 이야기가 아니라 바로 지금 나에게 주시는 말씀으로 듣는 것이 은혜이다.

마음에 새기는 질문

1. 예수의 이름을 의지하여 구한다는 말의 실제적인 의미는 무엇인가?

2. 예수께서 율법과 선지서를 완전케 하러 오셨다고 하셨는데 완전하게 한다는 뜻에 대해 설명해보라.

3. 요한복음 6장 63절을 중심으로 '레마(의 말씀)'의 의미에 대해 새롭게 알게 된 것을 적어보자.

4. 진리가 너희를 자유케 한다고 할 때 무엇으로부터 자유케 한다는 것인지 이야기해보자.

4
진리의 영으로 오신 예수 그리스도

보혜사 곧 아버지께서 내 이름으로
보내실 성령 그가 너희에게 모든 것을
가르치고 내가 너희에게 말한 모든 것을
생각나게 하리라
(요 14:26)

예수는 '오리라' 약속하고 또 약속하신다. 오셔서 못다 한 일을 계속하시겠다고 하신다. 이는 죄인된 우리를 구원으로 인도하시는 숭고한 일로 진리를 드러내어 하늘 가는 길을 보여주시는 것이다. 생각할수록 감사할 뿐이다.

하나님의 약속

그러나 진리의 성령이 오시면 그가 너희를 모든 진리 가운데로 인도하시리니 그가 스스로 말하지 않고 오직 들은 것을 말하며 장래 일을 너희에게 알리시리라(요 16:13)

예수는 제자들을 떠나실 때가 되셨음을 아셨다. 그때가 임박해 제자들에게 하신 말씀이 요한복음 후반부에 기록되어 있다. 떠나시고 나면 보혜사(保惠師)가 오셔서 계속해 가르치겠다고 하신다. 예수가 말씀하실 당시에는 이해되지 않았던 부분들까지도 깨닫게 하실 뿐만 아니라 더 깊이 있는 말씀까지도 가르쳐 주시겠다는 약속이다. '보혜사'는 헬라어 παράκλητο'(파라클레토스)로 '돕는자, 변호자 또는 위로자'로 번역하였다. 이 단어는 παρά(파라: 곁에)와 καλέω(칼레오: 부르다, 초청하다)라는 두 단어의 합성어다. 즉 '곁에서 부르시는 분'이라는 의미다. 왜 부르실까? 하나님의 뜻인 진리를 알게 해주시려고 부르는 것이다. 하나님의 뜻을 알고 살아가는 사람이 얼마나 담대할까? 이런 사람이 참으로 복된 자이다. 반면에 인생의 주인이신 하나님의 뜻을 모르고 살아가는 것보다 더 불행한 인생이 없다.

예수는 보혜사라 하시더니 곧 이어서 '진리의 성령'(요 15:26)이라고도 말씀하신다. 즉 우리에게 오시는 보혜사는 진리로 충만한 영이심을 드러내신다. 더 나아가서 예수는 '떠나가는 것이

> 수건으로 가려진 말씀으로는 안 된다는 것을 아시기에 수건을 벗겨 내려 오셨고 계속해서 이 일을 하시겠다는 약속이다.

유익'(요 16:7)이라고 하시는데 당시 제자들은 이 말씀을 이해하기가 참 힘들었다. 메시아가 자신들과 함께 계시는 것이 좋지 어떻게 떠나시는 것, 그것도 십자가에 죽으시는 것이 유익일까 싶었던 것이다. 이들은 훗날에서야 예수가 떠나심으로 인해 모든 사람에게 유익이 되었다는 것을 알게 된다. 사모하는 모든 자들에게 오시기 위해 몸을 벗으신 것이다. 참으로 놀라우신 하나님의 경륜이다. 당대의 사람들뿐 아니라 시대를 뛰어넘어 다가오는 모든 세대의 사람들에게 공히 은혜를 베푸시려는 크신 사랑의 발로(發露)였던 것이다.

> 내가 아직도 너희에게 이를 것이 많으나 지금은 너희가 감당하지 못하리라 그러나 진리의 성령이 오시면 그가 너희를 모든 진리 가운데로 인도하시리니 그가 스스로 말하지 않고 오직 들은 것을 말하며 장래 일을 너희에게 알리시리라(요 16:12~13)

예수는 삼 년 반의 공생애 기간 동안 제자들에게 진리를 다 알려주실 수가 없으셨다. 시간의 한계뿐만 아니라 고정관념과 보이는 것을 기준으로 살아온 자들에게 보이지 않는 영적인 내용을 설명하기란 쉽지 않은 일이다. 그러나 때가 되면 더 많은 것을 가르쳐 주시겠다 약속하신다. 이 일을 위해 오신 분이 보혜사, 즉 진리의 영이다. 이런 일이 먼 훗날 일어날 것을 미리 예언한 구약시대의 선지자가 있었으니 바로 요엘 선지자이다.

> 그 후에 내가 내 영을 만민에게 부어 주리니 너희 자녀들이 장래 일을 말할 것이며 너희 늙은이는 꿈을 꾸며 너희 젊은이는 이상을 볼 것이며 그 때에 내가 또 내 영을 남종과 여종에게 부어 줄 것이며(욜 2:28~29)

보혜사가 임하시기 전의 성령은 특별한 사람에게 선별적으로 임하셨다. 사울 왕에게도 임하셨고 사사 삼손에게도 임하셨는데 주로 이적과 기적을 행함으로 하나님의 영이 임재하셨음을 드러내셨다. 그러나 이제는 만민에게 부어주시겠다는 놀라운 약속을 하신다. 사모하는 모든 자에게 임하시는 진리의 영이다. 왜 그럴까? 하나님은 우리 모두를 구원의 자리로 이끌어 가고 싶어 하시기 때문이다. 그러나 수건으로 가려진 말씀으로는 안 된다는 것을 아시기에 수건을 벗겨내러 오셨고 계속해서 이 일을 하시겠다는 약속이다. 진리만이 우리를 생명의 길로 인도하기 때문이다. 예수도 이 부분에 대하여 확실하게 언급한다. 십자가로 가시기 전에 제자들에게 마지막 유언과도 같은 말씀을 이렇게 하신다.

영생은 곧 유일하신 참(진리의) 하나님과 그가 보내신 자 예수 그리스도를 아는 것이니이다(요 17:3)

여기서 안다는 것은 히브리어 יָדַע(야다)로 부부가 잠자리를 같이하듯이 서로를 잘 안다는 의미다. 이렇듯이 수건으로 덮여진 것을 벗겨낸 진리의 말씀을 알아야 함을 의미한다. 이처럼 안다는 것이 얼마나 중요한 일인가를 결코 잊어서는 안 된다.

하나님의 큰일

오순절에 약속하신 성령이 임하시는 놀라운 광경이 어떠하였을까? 그토록 수차례에 걸쳐 오리라 약속하신 보혜사, 즉 진리의 영이 임하실 때 제자들이 한곳에 모여 전심으로 기도한다. 이처럼 사모하고 구하는 자에게 성령이 임한다. 심령이 가난한 자에게 천국을 이루어 주시려고 오시는 주님의 섭리다. 바람처럼 불처럼 각 사람에게 임하셔서 요엘서에서 약속하신 그 약속을 이루어 주신다. 모든 사람들에게 각각 임하시는 놀라운 은혜가 얼마나 큰 것인가? 성령이 임하신 후에 이들의 말이 변하는데다 각각 자신들이 살고 있는 본토어로 말하기 시작한다.

다 우리의 각 언어로 하나님의 큰일을 말함을 듣는도다 하고 다

놀라며 당황하여 서로 이르되 이 어찌 된 일이냐(행 2:11~12)

그런데 놀라운 일은 120명이나 되는 많은 사람이 하나같이 같은 말을 한다는 것이다. 즉 동일한 내용을 말이다. 이는 '하나님의 큰 일'로 단지 방언(方言)을 이야기하는 것이 아니다. 알아듣지 못하는 방언이나 때론 배운 적이 없는 다른 나라의 방언(方言)을 말한다고 이것이 과연 '하나님의 큰일'일까? 훗날 이를 깨달은 사도 바울이 서신서에서 이렇게 기록하고 있다.

이 비밀은 만세와 만대로부터 감추어졌던 것인데 이제는 그의 성도들에게 나타났고 하나님이 그들로 하여금 이 비밀의 영광이 이방인 가운데 얼마나 풍성한지를 알게 하려 하심이라 이 비밀은 너희 안에 계신 그리스도시니 곧 영광의 소망이니라(골 1:26~27)

바울은 '하나님의 큰일'인 크신 비밀이 바로 우리 안에 계신 그리스도라고 선포한다. 이것이 오래전부터 감추어졌던 비밀을 이제 때가 되어 드러내셨다는 말씀이다. 우리 안에 오신 그리스도, 즉 이스라엘 백성들이 그토록 기다린 메시아가 우리 안에 오신 것이다. 그래서 그토록 예수는 십자가의 죽음을 당차게 걸어가신 것이다. 십자가의 죽음을 통과하고 우리 안에 오시려고 말이다. 보혜사로 오셔서 곁에서 우리에게 말씀해주시려는 거였다. 진리의 영으로 오셔서 우리를 깨우쳐 진리로 영생의 길로 안내하신다. 이것이 하나님의 큰일이며 놀라운 섭리이다. 이보다 더한 큰일이 있을까? 하나님이 인간의 몸을 입고 이 땅에 오신 것만으로도 놀라운데 비좁고 누추한 우리 마음 한가운데 오시다니 이보다 더한 하나님의 큰일이 어디 있는가 말이다. 참으로 알아갈수록 무한감사(無限感謝)할 뿐이다.

오순절 강림 사건 이후에 베드로와 제자들이 놀랍게 변화된다. 무엇보다도 그들의 입술이 변해 미련하던 자들이 지혜롭게 된다. 누가 이런 지혜를 주셨는가? 마침내 약속하신 성령이 임하셔서 이들의 입술을 주장하기 시작하신 것이다. 말주변도 별로 없는 줄 알았던 베드로가 지혜로운 말을 한다. 성경에 대한 지식이 정규코스를 밟은 바리새인 못지않은 실력자가 된 것이다. 아니 저들과 비견할 수 없는 사람이 되었다는 뜻이다. 글자뿐만이 아니라 그 안에 담긴 진리를 깨달은 자들이 되었기 때문이다.

사도 바울의 회심

다메섹 도상의 사울이 어떻게 회심하였는가? 예수 믿는 자들을 잡으러 가던 사울이 다메섹 도상에서 밝은 빛을 만난다.(행 9:3) 원광(原光)의 빛으로 임하시는 그리스도를 체험한다. 타고 가던 말에서 떨어졌을 뿐 아니라 밝은 빛을 본 그의 눈은 순간

아무것도 볼 수 없게 되었다. 맹인이 된 것이다. 이런 사건을 통해 하나님은 그가 맹인이라는 것을 깨닫게 하신다. 비록 육신의 눈은 떴으나 영적인 눈은 감긴 자 말이다. 여호와 하나님을 안다고 하나 육신을 입고 오신 하나님을 보지 못하는 맹인이기 때문이다. 밖으로 오시는 메시아는 안다고 하더라도 우리 안에 임하신 메시아는 알지 못하는 맹인이라는 것을 깨닫게 하시는 은혜의 순간이다. 우리 역시 다메섹 도상의 은혜가 필요한 자들임을 잊어서는 안 된다.

> **우리 역시 '눈의 비늘'이 벗겨지는 다메섹 도상의 은혜가 필요한 자들임을 잊어서는 안 된다.**

사흘 후에 아나니아가 찾아가서 안수할 때에야 바울은 다시 보게 된다. 눈에서 벗겨지는 비늘, 즉 진리를 볼 수 없게 만든 것이 있음을 알려준다. 영적인 잠에 빠지게 하는 악한 영이 떨어져 나가는 순간이었다. 그러자 영적인 시력이 회복되어 진리를 볼 수 있는 눈이 열린다.

사도 바울은 다메섹 회심 사건 후에 바로 사역의 현장으로 나가지 않고 아라비아 광야로 간다. 그것도 삼 년을 그곳에 머문다. 왜 이런 시간이 필요했을까? 성경을 제대로 공부한 명문 학교 출신이었는데 말이다. 이런 스펙만으로 사역자가 될 수 없음을 하나님은 아셨다. 성경은 역사와 문화, 사건의 단순한 이야기가 아니라 그 안에 담아놓은 본래의 뜻인 진리를 알아야 되기에 별도의 훈련코스를 마련하신다. 마침내 보혜사 진리의 영이 직접 스승 되셔서 그를 사도의 단계로 이끌어 올리신다. 실상 그는 거의 모든 서신서에서 자신도 '사도(使徒)'임을 누누이 강조하고 있다. 마치 사도에 대한 열등감을 가지고 있는 자처럼 '다메섹의 사도'라 목청을 높인다. 그는 더 나아가 아라비아 광야에서 그리스도와 삼 년을 함께한 사도라 선포한다.

훗날 그가 겪었다고 기록한 낙원의 체험도 바로 이 시기의 사건이 아닌가 싶다.(고후 12:4) 그가 놀라워 한 것은 단지 신비한 환상과 체험이 아닌 '표현할 수 없는 말'인데 '말'이란 단어에 사용된 헬라어 원어가 바로 '레마'로 앞서 언급하였던 진리를 뜻한다. 그가 쓴 서신서에는 이런 놀라운 깨달음의 글들이 곳곳에 기록되어 있다. 그뿐 아니라 연이어 나오는 '계시'라는 단어도 ἀποκάλυψις(아포칼립시스)로 '덮개를 벗김'이라는 뜻이다. 즉 '가려진 것을 들어내다'는 의미로 진리의 말씀을 들었다는 의미다. 이런 확신으로 사도 바울은 자신이 새 언약의 일꾼임에 큰 자부심을 가졌다. 단지 도덕과 윤리 수준에 머물던 옛 언약의 일꾼에서 죽은 영혼을 살려내는 생명의 사명자가 된 것이다.

그가 또한 우리를 새 언약의 일꾼 되기에 만족하게 하셨으니 율법 조문으로 하지 아니하고 오직 영으로 함이니 율법 조문은 죽이는 것이요 영은 살리는 것이니라(고후 3:6)

영의 직분은 진리인 '레마의 직분'을 말한다. 예수는 내가 너희에게 이른 '말'(레마)이 영'(요 6:63)이라고 말씀하셨다.

봉한 책

> 너희는 주께 받은 바 기름 부음이 너희 안에 거하나니 아무도 너희를 가르칠 필요가 없고 오직 그의 기름 부음이 모든 것을 너희에게 가르치며 또 참되고 거짓이 없으니 너희를 가르치신 그대로 주 안에 거하라(요일 2:27)

여기서 말하는 '기름 부음'은 약속하신 대로 우리 안에 오신 그리스도를 가리킨다. 마태복음 1장 16절에 '그리스도라 칭하는 예수가 나시니라'는 기록도 바로 이런 의미로 훗날 그리스도가 되신 분인 예수가 나셨다는 의미다. 비록 예수는 유대인에게는 버림을 당하셨지만 우리 안에 오셔서 왕의 보좌에 자리를 정하신다. 또한 우리 우리 안에 오신 그리스도는 약속하신 대로 진리를 가르치신다. 구약의 말씀 속에 감추어진 것뿐 아니라 공생애 기간 동안에 제자들에게 말씀하셨던 뜻을 깨닫게 하신다. 기름 부음 받음을 사모해야 하는 이유가 바로 여기에 있다. 하나님의 뜻을 알아야 영생의 길로 나아갈 수 있기 때문이다. 고장 난 '네비'가 마침내 작동하기 시작하는 것이다. 사도 요한이 쓴 계시록

5장에는 인(印)으로 봉해진 책 이야기가 나온다.

내가 보매 보좌에 앉으신 이의 오른손에 두루마리가 있으니 안팎으로 썼고 일곱 인으로 봉하였더라(계 5:1)

그 두루마리를 펴거나 보거나 하기에 합당한 자가 보이지 아니하기로 내가 크게 울었더니(계 5:4)

사도 요한은 인(印)으로 봉해진 책 때문에 운다. 도대체 무슨 책이기에 울까? 두루마리 책인 성경책인데 이는 단지 성경을 읽을 줄 몰라서가 아니라 그 안에 담긴 뜻을 모르기 때문에 우는 것이다.

장로 중의 한 사람이 내게 말하되 울지 말라 유대 지파의 사자 다윗의 뿌리가 이겼으니 그 두루마리와 그 일곱 인을 떼시리라 하더라(계 5:5)

인을 떼실 수 있는 분은 오직 한 분 유대 지파 다윗의 뿌리이신 그리스도이시다. 인을 떼어 가려진 진리를 밝혀주려고 빛으로 오신 분이시다. 진리의 빛이 없어 어둠 가운데 신음하고 있는 백성들을 건져주시려고 오신 것이다.

마음에 새기는 질문

1. 예수가 거듭하여 약속한 다른 보혜사는 누구인가?

2. 오순절 성령 강림 사건에서 중요한 것은 무엇인가?

3. 사도 바울의 다메섹 회심은 어떤 의미가 있는지 이야기해보자.

4. 사도 요한이 '봉한 책' 때문에 크게 울었던 이유는 무엇인가? 봉해진 책이 가지고 있는 의미와 연결해서 생각해보자.

眞理

2부

진리가 드러나다

5 마침내 벗겨진 수건

우리는 부분적으로 알고 부분적으로 예언하니 온전한 것이 올 때에는 부분적으로 하던 것이 폐하리라(고전 13:9~10)

마침내 온전한 분이 오셨다. 온전한 진리를 지니신 예수가 오신 것이다. 지금도 진리의 영이신 그리스도가 우리 안에서 더욱 온전하게 진리를 드러내고 계신다. 충만하신 일곱 영으로 오신 주님이시다.

모세 율법 속에 감춰진 진리

그러나 그들의 마음이 완고하여 오늘까지도 구약을 읽을 때에 그 수건이 벗겨지지 아니하고 있으니 그 수건은 그리스도 안에서 없어질 것이라(고후 3:14)

진리는 가려진 것이 없는 온전한 가르침으로 율법에 덮여있던 수건이 벗겨져 온전히 드러난 말씀이다. 예수는 먼저 산상수훈(山上垂訓)에서 십계명에 대해 말한다. 무엇보다 율법의 기본이기 때문이다. 십계명은 애굽을 나온 이스라엘 백성들에게 시내산에서 모세를 통해 주신 말씀으로 이는 단지 인본주의적인 도덕이나 윤리 지침서가 아니었다. 종교적 규례에 국한된 가르침도 아닌 하늘의 시민으로 살게 하시려는 진리가 담겨 있었다. 그러나 사람들이 사탄의 속삭임에 눈이 멀어 그 안에 담긴 진리를 보지 못하고 만 것이다. 이것이 바로 에덴동산에 있던 선악을 알게 하는 나무의 열매이다. 사람의 육신적인 눈이 선악을 판단하는 기준이 되었으니 말이다. 안에 있는 더 중요한 것을 보지 못하는 근시안적인 인생들이 된 것이다. 마치 짐승들이 본능에 사로잡혀 살아가듯이 말이다.

진리는 가려진 것이 없는 온전한 가르침으로 율법에 덮여있던 수건이 벗겨져 온전히 드러난 말씀이다.

10계명

첫째, '다른 신'을 섬기지 말라 하신다. 여기서 다른 신은 무엇을 말하는 것일까? 회교의 마호메트, 불교의 석가, 힌두교의 브라마 등이 떠오를 수 있다. 물론 하나님은 이러한 대상을 섬기는 것 자체를 금한다. 창조주와 피조물을 동일한 선상에 함께 놓는다는 것 자체가 얼마나 끔찍한 것인가를 알지 못하기 때문에 많은 사람들이 수많은 피조물을 신의 대열에 올려놓고 섬기고 있다. 사람뿐만이 아니라 해와 달, 산과 강, 짐승과 나무까지도 가리지 않고 신의 대열에 포함 시킨다. 이렇게 보이는 다른 신들은 우리가 쉽게 분별할 수 있다.

예수는 더 본질적인 다른 신이 있음을 알려준다. 마태복음 6장 24절에서 두 주인을 언급하시면서 '재물과 하나님'에 대해 말씀하신다. 하나님과 대등한 위치에 있다고 하는 '재물'이 바로 '다른 신'이라는 것이다. 하나님을 믿는다 하면서도 정작 하나님은 뒤편이고 재물을 더 섬긴다는 말이다. 바로 맘몬(Μαμμον)신이다. 돈(money)이 신의 자리에 앉은 것이다. 오늘날의 모습 아닌가? 재물에 마음을 빼앗기게 만드는 악한 영들의 계략을 분별할 수 있어야 한다.

만일 누가 가서 우리가 전파하지 아니한 다른 예수를 전파하거나 혹은 너희가 받지 아니한 다른 영을 받게 하거나 혹은 너희가 받

지 아니한 다른 복음을 받게 할 때에는 너희가 잘 용납하는구나 (고후 11:4)

여기서 말하는 교회 안에 들어온 다른 신은 진리가 아닌 인본주의적이며 재물이 복이라는 기복적인 가르침이다. 이것이 다른 예수며 다른 복음이다.

둘째, '우상과 형상'을 만들지 말라 하신다. 형상은 히브리어 צֶלֶם(첼렘)으로 '닮음'이라는 뜻이다. 하나님은 볼 수 있는 분이 아니다. 보이는 것에 익숙한 사람들은 하나님을 보이는 대상으로 만들어 보려고 한다. 즉 우상과 형상은 하나님이라 여겨지는 대상을 만들어 내는 것이다. 모세가 시내산에 올라가 있는 동안 이스라엘 백성들이 만들었던 금송아지가 대표적인 것으로 사람들은 번쩍이는 금으로 송아지를 만들고 이를 애굽에서 광야로 이끌어 낸 하나님으로 섬기려 했다.

예수는 이러한 보이는 우상과 형상은 쉽게 구별할 수 있으나 보이지 않는 더 중요한 것이 있다고 말한다.(마 22:17~18) 바리새인들과 서기관들은 그 당시의 종교지도자들로 기회만 되면 예수를 걸고 넘어트려 죽일 궁리를 했다. 기득권자인 자신들에게 도전하는 이 이단아를 그냥 둘 수 없었던 것이다. 모세의 율법을 훼손하지 않나 자신들을 외식하는 자들이라고 힐난하지를 않나 영 분이 풀리지 않았다. 이들이 와서 예수에게 가이사에게 세금을 바치는 것이 옳으냐고 묻는다. 도대체 무슨 속셈인가?

만약 이들에게 '바치라'고 하면 예수는 메시아가 아니라 하며 무슨 형편없는 메시아가 세상의 왕에게 굴복하느냐 할 참이었다. 반대로 '바치지 말라' 하면 가이사에게 반역했다는 죄목을 걸려고 계획했다. 이들의 마음을 모르실 리 없는 예수의 답변이다.

세금 낼 돈을 내게 보이라 하시니 데나리온 하나를 가져왔거늘 예수께서 말씀하시되 이 형상과 이 글이 누구의 것이냐 이르되 가이사의 것이니이다 이에 이르시되 그런즉 가이사의 것은 가이사에게, 하나님의 것은 하나님께 바치라 하시니(마 22:19~21)

이들이 가져온 데나리온은 노동자의 하루 품삯에 해당되는 금액이었다. 예수는 돈의 액수를 물으시는 것이 아니라 돈에 누구의 형상이 새겨져 있느냐고 묻는다. 물론 가이사, 즉 로마 황제의 형상이 새겨져 있었다. 글과 함께 말이다. 그러자 뭐라고 하시는가? 가이사의 형상은 가이사에게 하나님의 형상은 하나님께 바치라는 것이다. 데나리온의 돈에는 다 가이사의 형상이 새겨져 있는데 있지도 않는 하나님의 형상은 왜 언급하시는가? 이는 더 본질적인 형상에 대해 말씀하시는 것이다. 비록 겉모습은 사람의 형상을 하고 있을지 모르나 내면의 형상은 망가진 상태일 수 있기 때문이다.

사도 바울도 이런 의미에서 사람의 형상이 짐승의 형상으로 망가졌다고 기록한다.(롬 1:23) 기어 다니는 뱀의 형상이라는 말은 사탄의 형상이 되었다는 뜻이다. 로마의 황제인 가이사의 형상이 바로 이 사탄의 형상을 의미한다. 참 아버지인 하나님의 얼굴을 닮아야 하는데 뱀의 얼굴을 닮아버린 것이다. 참으로 끔찍한 말씀이다.

비록 겉모습은 사람의 형상을 하고 있을지 모르나 내면의 형상은 짐승처럼 망가진 상태일 수 있기 때문이다.

이렇게 망가진 형상을 회복시켜 주러 오신 분이 예수다. 그분이야말로 하나님의 형상을 지니고 오신 분이기 때문이다.(골 1:15) 이목구비가 하나님을 닮으신 분이시다. 하늘의 소리를 듣는 것은 물론이고 사람들의 아픔의 소리까지 들으시는 귀, 하나님을 보는 눈, 생명의 말씀을 담은 입, 하나님의 영과 교통하는 코를 지니고 오셨단 말이다. 결국 우상과 형상이란 말의 본질적인 뜻은 사탄의 형상을 만들어 가지 말라는 것이다. 하나님의 형상으로 회복되어 가기에도 바쁜 신앙의 여정이 아닌가.

셋째, 여호와의 이름을 망령되이 부르지 말라 하신다. 여호와의 이름을 망령되이 부르는 것이 무엇인가? 여기서 '망령되다'는 히브리어는 שָׁוְא(샤우)로 '헛됨, 거짓'이라는 뜻이다. 즉 하나님의 이름을 헛되이 또는 거짓되게 부르지 말라는 것이다. 여기서 '부르다'라고 번역된 히브리어 נָשָׂא(나사)는 '들어 올리다'라는 뜻인데 맹세를 할 때 이런 의식을 했다. 예수는 이 계명에 대해 레위기에서 언급한 '거짓 맹세'(레 19:12)를 인용하여 '헛 맹세'(마 5:33)라고 하신다.

또 옛 사람에게 말한 바 헛 맹세를 하지 말고 네 맹세한 것을 주께 지키라 하였다는 것을 너희가 들었으나(마 5:33)

여호와의 이름으로 헛되게 또는 거짓되게 맹세하는 데 쓰지 말라고 하신다. 여기서 우리는 여호와의 이름에 대한 의미를 알아야 한다. 단지 '여호와, 예수'의 이름을 말씀하시는 것일까? 거룩한 이름이기 때문에 그러실까? 어떤 사람의 이름이 거룩한 것은 그 사람의 삶이 거룩하기 때문이다. 무엇보다 그 사람에게서 나오는 말이 그 사람의 어떠함을 결정한다. 곧 여호와의 이름이신 하나님의 말씀을 거룩하게 하라는 것이다. 내 생각으로 가감하거나 왜곡하지 말고 진리를 진리 되게 하라는 것이다. 사람의 기준에서 만든 교리와 신학, 그리고 세상적 선입견으로 성경을 얼마나 많이 왜곡하고 가려놓았는가? 이를 아시는 하나님의 우려를 담아 놓은 것이다.

넷째, 안식일의 규례다. 안식일 규례는 매우 철저하여 하면 안 되는 금기 사항들이 정말 많았다. 훗날 여기에 관련된 조항들이 늘어 갔다. 그런데 예수가 안식일을 대하는 태도를 그 당시 사람들이 받아들이기 쉽지 않았다. 마태복음 12장에는 제자들이 안식일에 밀밭 사이로 가다가 이삭을 잘라 먹은 사건이 나온다. 배가 고팠기 때문이다. 이를 본 바리새인들이 그냥 넘어갈 리 없었다. 고소할 건수만 찾는 자들이니까 말이다. 예수의 답변을 들어 보자.

또 안식일에 제사장들이 성전 안에서 안식을 범하여도 죄가 없음을 너희가 율법에서 읽지 못하였느냐(마 12:5)

이는 사무엘상 21장에 나와 있는 이야기로 다윗이 사울 왕을 피해 도망가다 배가 고파서 먹을 것을 구할 때 제사장 아히멜렉이 성전의 떡을 주었던 사건이다. 제사장들은 안식일에 떡을 먹어도 죄가 되지 않았다. 물론 성전의 떡이었다. 예수는 이어서 '인자가 안식일의 주인'(마 12:8)이라고 말씀하신다. 이는 성전의 실체가 예수이시기에 예수와 함께 떡을 먹는 것은 성전에서 떡을 먹는 것과 같다는 의미였다. 이미 제자들은 제사장의 반열에 있기에 죄가 되지 않는다는 말이다. 마찬가지로 그리스도를 안에 모시고 사는 우리가 성전이기에 밖으로 지키는 안식일의 규례에 제한을 받지 않게 된 것이다. 이것이 얼마나 큰 자유인가? 매주 안식일을 지켜야 한다면 얼마나 힘들 것인가 생각해보자. 또한 종교개혁을 통해 만인 제사장에 대한 확실한 인식까지 갖게 되었으니 말이다. 이제 안식일의 주인이신 그리스도를 모신 자로서 마음속에 세상의 염려와 근심, 원망과 불평의 파도가 없는 참 안식의 삶을 유지해야 한다는 말씀이다.

다섯째, 부모 공경에 대한 말씀이다. 물론 부모를 공경하는 것이 자식 된 도리라는 데는 두말할 필요가 없다. 그러나 한편으로는 이런 일반적인 도덕 윤리보다 더 깊은 뜻이 담겨있지 않을까 하는 생각을 갖게 될 것이다. 더욱이 뒤에 이어지는 '생명이 길 것'이라는 약속을 어떻게 받아들여야 하는가? 단지 오래 사는 복을 말씀하시는 것일까? 요한복음에는 부모와 같은 의미인 '아비'에 대해 언급하는 대목이 나온다.

> 너희는 너희 아비 마귀에게서 났으니 너희 아비의 욕심대로 너희도 행하고자 하느니라 그는 처음부터 살인한 자요 진리가 그 속에 없으므로 진리에 서지 못하고 거짓을 말할 때마다 제 것으로 말하나니 이는 그가 거짓말쟁이요 거짓의 아비가 되었음이라(요 8:44)

마귀를 아비라 하신다. 참으로 끔찍한 일이 아닌가? 마귀는 진리가 아닌 거짓을 말하는 자라는 뜻이다. 육신 중심의 가르침으로 살아가도록 속이는 자로 에덴동산에서 생명나무이신 그리스도에게서 나온 진리를 막은 자이다. 거짓의 열매인 선악과를 먹도록 미혹한 자인데 예수는 이들을 '너희 아비'라고 하시며 책망한다.

아브라함에게 '떠나라'고 하시는 아버지 집도 단순히 지리적인 떠남을 의미하는 것이 아니라 지금까지 세상 중심의 가르침을 주던 아비 마귀를 떠나라는 것이다. 본질적인 부모는 하나님이시다. 육을 있게 한 육신의 부모가 있는 반면에 영혼을 거듭나게 하신 영적인 부모가 계신 것을 잊어서는 안 된다. 그렇다면 영적인 부모인 하나님을 어떻게 공경해야 하는가? 이는 결국 거듭나게 한 진리를 공경하는 태도를 말한다. 진리의 말씀에 대한 사모하는 마음으로 이를 가슴에 새기는 것이다. 부모의 말씀을 마음에 새기고 이를 늘 순종하는 자식들보다 부모에게 더 기쁨을 주는 자식들이 있을까? 진리의 말씀에 따라 살아가는 자들이 참 부모인 하나님을 공경하는 것이다.

진리의 말씀에 따라 살아가는 자들이 참 부모인 하나님을 공경하는 것이다.

여섯째, 살인에 대한 계명이다. 예수가 오셔서 살인에 대한 본질적인 뜻을 말씀하셨다.(마 5:21~22) '라가'(ריק)는 아람어로 '빈, 헛된, 가치 없는'이란 뜻이다. 즉 상대를 향해 '골빈 놈'이라고 하는 것은 수치심과 자괴감을 주는 욕설이다. 이런 말이 인격적인 살인이다. 예수는 육신의 살인 이전에 마음속에서 시작한 더 근원적인 살인에 대해 말씀하고 계신 것이다. 육신의 살인도 이렇게 작은 분노와 모욕적인 말에서부터 시작하기 때문이다.

혀는 능히 길들일 사람이 없나니 쉬지 아니하는 악이요 죽이는 독이 가득한 것이라(약 3:8)

혀는 가장 강력한 살인 무기로 아무리 많이 사용해도 재충전이 필요 없는 무한정의 실탄을 지닌 살상 무기다. 살아오면서 얼마나 많은 사람들에게 상처를 주고 급기야는 살인을 일삼아 왔는가? 그러고 보면 '살인'이라는 계명에서 자유로울 사람이 있을까 싶다. 이렇듯이 진리는 단지 도덕이나 윤리 차원을 뛰어넘는 보다 높은 수준의 내용을 가지고 있다.

일곱째, 간음에 대한 계명이다. 간음에 대한 본질적인 뜻도 예수가 오셔서 말씀하셨다.(마 5:27~28) 즉 간음은 단지 남녀 간의 잘못된 관계만을 이야기하는 것이 아니라 그 마음속에 품고 있는 사악한 생각까지도 포함한다고 하신다. 결과 이전의 원인을 말씀하고 계시는데 이는 원인을 처방하지 않고는 근본적인 해결이 안 되기 때문이다.

> 너희 중에 심지어 음행이 있다 함을 들으니 그런 음행은 이방인 중에서도 없는 것이라 누가 그 아버지의 아내를 취하였다 하는도다 (고전 5:1)

어떻게 생각하는가? 참으로 끔찍한 일이 벌어졌구나 싶지 않나? 초대교회의 음행이 지금보다 더 심했다 여겨지기 때문이다. 아버지의 아내이면 어머니 아닌가? 조금 양보를 해서 친어머니는 아니라 치더라도 서모(庶母)를 범한다는 것도 보통 악한 일이 아니다. 마치 야곱의 큰아들 르우벤이 서모 빌하를 범한 것처럼 말이다. 그런데 이야기의 전개는 일관성이 없는 듯싶다. 음행에 대해 언급하다가 누룩 이야기로 넘어간다.(고전 5:7~8)

결국 누룩을 받아들인 것을 음행이라 말씀하신다. 음행은 누룩으로 예표되는 세상의 비진리를 받아들인 것으로 교회 안에 들어온 기복적인 가르침을 말한다. 또한 진리를 왜곡하여 사람의 교훈으로 바꿔버린 것도 음행이다. 대표적인 것이 할례다. 예수가 오셔서 말씀하셨음에도 계속해서 몸의 할례를 받아야 한다고 주장하는 무리들이 있었다. 이제는 새로운 가르침을 주셨는데도 초등학문을 고집하는 자들이다. 이렇게 본질적인 간음은 진리를 버리고 비진리를 취하는 것이다. 물론 육적인 간음을 무시해도 된다는 이야기가 아니다. 육신의 간음도 이 땅에서 심판을 받을진대 영적인 간음의 결과로 얼마나 끔찍한 심판을 받게 될지 깨달으라는 말씀이다.

여덟째, 도둑질이다. 도둑질은 내 소유가 아닌 다른 사람의 것을 몰래 갖는 것으로 당연히 그에 따른 형벌이 있게 마련이다. 말라기에서 하나님은 '온전한 십일조'를 언급하시면서 유대인들이 하나님의 것을 도둑질했다고 책망하신다.(말 3:8~9) 사람 사이에 발생하는 도둑질도 악한 것이나 하나님의 것을 훔치는 도둑질은 어떠할지 생각해보라고 말씀하신다. 혹 드려야 할 십일조와 봉헌물 얼마를 떼어먹고 나머지 일부만 드렸구나 생각할 수도 있다. 그러나 훗날 오신 예수의 말씀 속에서 도둑질의 한계를 어디까지 정하고 계신지 알 수 있다.

화 있을진저 외식하는 서기관들과 바리새인들이여 너희가 박하와 회향과 근채의 십일조는 드리되 율법의 더 중한 바 정의와 긍휼과 믿음은 버렸도다 그러나 이것도 행하고 저것도 버리지 말아야 할지니라(마 23:23)

유대인들이 도둑질한 것은 밖의 보이는 것이 아니라 안의 마음이었다. 이들은 십일조에 대해 철저하다. 유대의 어린아이들이 책을 읽을 수 있는 나이가 되면 레위기를 읽히는데 이는 레위기에 나오는 각종 규례를 마음에 각인시키기 위해서다. 곡식을 경작할 때에도 숫자로 셀 수 없는 것은 부피나 무게를 재어 정확하게 십일조를 드린다. 이런 유대인들을 향한 예수의 가르침은 마음까지 포함하고 있다. 이는 밖으로 보이는 것보다 더 중요한 것이 마음이기 때문이다.

아홉째, 거짓 증거이다. 증거는 직접 보고 들은 것으로 추측성의 이야기나 거짓된 이야기는 증거가 될 수 없다. 증인으로 나가는 사람들은 현장에서 보고 들은 증거를 가지고 있어야 한다. 이렇듯이 삶 속에서도 증인은 거짓을 말해서는 안 된다.

태초부터 있는 생명의 말씀에 관하여는 우리가 들은 바요 눈으로 본 바요 자세히 보고 우리의 손으로 만진 바라 이 생명이 나타내신바 된지라 이 영원한 생명을 우리가 보았고 증언하여 너희에게 전하노니 이는 아버지와 함께 계시다가 우리에게 나타내신

바 된 이시니라(요일 1:1~2)

증인 중에서도 가장 중요한 증인은 진리를 올바로 전하는 사람이다. 사도 요한은 예수에게 직접 듣고 보았을 뿐 아니라 자세히 보고 만진 바 되었다고 고백한다. 예수와 삼 년 반을 함께하면서 제자들은 확실한 증인들이 된 것이다. 이런 사람이 증인이고 이런 증인의 말이 참 증거가 되는 것이다. 그러나 사탄은 거짓 증인들을 앞세운다. 영적인 눈이 뜨여지지 않은 자가 증인 노릇을 하니 사람의 계명으로 가르치게 되고 마침내는 본인뿐만 아니라 다른 사람들까지 지옥에 들어가게 만든다.

사람의 계명으로 교훈을 삼아 가르치니 나를 헛되이 경배하는도다 하였느니라(마 15:9)

열째, 이웃집의 것을 탐내는 것이다. 이 역시 도둑질의 일종으로 내 것이 아닌 것에 대한 욕심이다. 여기서 우리는 몇 가지 이해가 필요한 단어를 만난다. 먼저 집에 대한 이해가 필요하다.

그리스도는 하나님의 집을 맡은 아들로서 그와 같이하셨으니 우리가 소망의 확신과 자랑을 끝까지 굳게 잡고 있으면 우리는 그의 집이라(히 3:6)

여기 등장하는 하나님의 집은 성전으로 우리 안에 오신 그리스도를 통해 우리가 하나님의 집이 된 것을 말한다. 내 안에 하나님의 집이 지어지기 시작하는데 아직도 내 마음 한편엔 함께 살고 있던 사탄의 집, 즉 가나안 일곱 족속의 집이 버젓이 자리를 차지하고 있다는 점이다. 내 안에 두 집이 있는 셈이다. 이제는 그리스도와 함께 새집에 살게 되었다면 옛집의 것을 탐내지 말라는 것이다. 이스라엘 백성들이 애굽으로 돌아가려고 하는 것처럼 말이다. 롯의 아내가 소돔을 빠져 나와서도 소돔에게 마음을 빼앗겼다. 결국 롯의 아내는 소금 기둥이 되고 말았다는 것을 잊지 말자.

할례(割禮)

하나님은 갈대아 우르에서 불러낸 아브라함에게 할례를 지시하셨다.(창 17:11) 남자의 포피(包皮)를 베어내라 하시면서 이것이 언약의 표징(標徵)이라 하신다. 지금도 유대인들은 낳은 지 8일째 되는 날에 이 할례의식을 행한다. 이것은 하나님의 백성이라는 증거이기도 하다. 놀라운 것은 의학적으로도 난 지 8일째 되는 날이 피가 응고되는 시간이 가장 짧다고 한다. 우리 신체의 모든 기능을 아시는 하나님이시다. 신명기에는 '마음의 할례'(신 30:6)라는 표현을 사용하신다. 예레미야서에서는 '마음의 가죽을 베라'(렘 4:4)는 기록을 볼 수 있다.

오직 이면적 유대인이 유대인이며 할례는 마음에 할지니 영에 있고 율법 조문에 있지 아니한 것이라 그 칭찬이 사람에게서가 아니요 다만 하나님에게서니라(롬 2:29)

바울은 몸의 할례에 빗대어서 더 본질적인 마음의 할례를 강조한다. 실상 몸의 일부분을 잘라낸다고 거룩하게 되는 것은 아니기 때문이다. 마음의 할례란 마음의 악한 속성을 잘라내는 것으로 겉사람의 속성을 잘라내라는 말이다. 구체적으로는 옛사람의 육신적인 속성이다. 이 할례는 세례(洗禮)로 발전하게 된다.

나는 받을 세례가 있으니 그것이 이루어지기까지 나의 답답함이 어떠하겠느냐(눅 12:50)

이 말씀은 예수가 십자가의 길을 가시기 전에 제자들에게 하신 말씀이다. 예수가 무슨 세례를 받으신다고 하시는 걸까? 이미 요단강에서 세례요한에게 받으셨는데 말이다. 이는 단지 물세례를 말씀하시는 것이 아닌 십자가의 길을 가리킨다. 곧 십자가를 지고 가셔야 하는 그 길이 세례의 길이라는 뜻이다. 이를 깨달은 사도 바울은 물세례가 아닌 '십자가의 도'(고전 1:18)를 통한 근원적인 세례를 받아야 한다고 설파하였다. 곧 십자가의 도(道)는 우리 마음속에 있는 악한 속성인 겉사람의 속성을 죽인다. 육신으로 살던 옛사람의 속성이 죽어야 사는 것이다. 육이 죽어야 영이 사는 법이다. 십자가로 가게 하는 말씀은 진리를 일컫는다. 이 진리는 우리의 더러운 속성들을 드러나게 할뿐 아니라 '검(劍)과 같은 능력'(히 4:12)으로 잘라낸다.

> 물은 예수 그리스도께서 부활하심으로 말미암아 이제 너희를 구원하는 표니 곧 세례라 이는 육체의 더러운 것을 제하여 버림이 아니요 하나님을 향한 선한 양심의 간구니라(벧전 3:21)

비록 몸의 더러움을 물로 씻어낼 수 있을지 모르나 마음속에 있는 본질적인 더러움은 씻어내지 못하기에 참 세례를 통해 마음을 씻어내야 한다. 마음이 죄로 인해 화인(火印) 맞았기 때문이다. 이것이 신명기에서부터 말씀하신 마음의 할례다. 할례나 세례는 그렇게 간단한 것이 아니다. 일회성으로 끝나서도 안 된다. 주님이 가신 그 길을 따라가는 십자가의 여정이 할례의 여정이며 세례의 여정이다. 그래서 세례는 평생 지속 되어야 한다. 평생 싸워도 끝내기 힘든 악한 속성인 가나안 일곱 족속과 벌이는 영적 전투기 때문이다.

음식의 정결법

마태복음 15장에는 정결법에 대한 이야기가 기록되어 있다. 음식 먹을 때에 제자들이 손을 씻지 않았다는 내용이다. 손을 씻어 청결하게 해야 하는 율법을 따르지 않고 어겼다고 바리새인과 서기관들이 예수에게 항의한다. 유대인들에게는 몸에 깊숙이 배어 습관이 된 것이 이 정결 규례이기 때문이다. 제자들의 행동을 두 가지 면에서 해석할 수 있다. 우선은 제자들이 정결법의 본질이 무엇인지를 깨닫고 의도적으로 지키지 않았거나 아니면 어떤 교훈을 주기 위해 돌발적으로 벌어진 사건이라고 말이다. 바리새인들의 문제 제기에 대한 예수의 반응을 보자.

주님이 가신 그 길을 따라가는 십자가의 여정이 할례의 여정이며 세례의 여정이다.

입으로 들어가는 것이 사람을 더럽게 하는 것이 아니라 입에서 나오는 그것이 사람을 더럽게 하는 것이니라(마 15:11)

예수는 정결법을 정면으로 부정하고 계신다. 손을 씻는다거나 음식을 구별하여 먹는 것으로 사람이 정결하게 되는 것이 아니라고 말이다. 그러면서 '입에서 나오는 것'이 사람을 더럽게 한다고 하신다. 입에서 나오는 말이 사람을 더럽게 한다는 것이다. 평상시 어떤 말을 주로 듣는가에 따라서 생각과 마음의 상태가 결정되고 이것이 입을 통해 말로 표현되기 마련이다. 경건한 말을 들을 때는 거룩한 말이 나오게 된다. 더럽고 악한 말들을 들을 때는 마음의 상태가 황폐화되어간다. 결국 음식의 정결법보다 더 중요한 것은 어떤 말씀을 듣는가를 살피는 것이다. 예수는 정결법에 대한 본질적인 의미를 알려주고 있다. 그렇다면 정결법이 기록된 레위기의 내용은 더는 필요가 없다는 말씀인가? 예수는 분명 율법을 없애러 오신 것이 아니고 완전하게 하러 오셨다 하셨잖은가?

하나님은 레위기에서 기어 다니는 짐승을 먹지 말라 하시면서 특히 배를 땅에 대고서 다니는 짐승들을 가증하다 하신다.(레 11:42) 이런 말씀이 이해가 되는가 말이다. 두 발로 다니는 것은 정결하고 배로 기어 다니는 것은 부정하다니 말이다. 그러나 당시 유대인들은 하나님의 말씀이라면 절대적으로 순종하도록 어려서부터 배웠고 이것이 습관화되었다. 그래야 선민이고 복을 받는다고 확신했기에 때론 의문을 가지면서도 표출하지 못했거나 아예 의문을 품지 않았던 것이다. 예수는 수건으로 가려진 본래의 의미들을 드러내신다. 음식에 빗대어서 더 본질적인 영혼의 정결법을 말씀하신 것이다. 그렇다면 배로 기어 다니는 짐승은 어떤 의미를 지니는가?

그들의 마침은 멸망이요 그들의 신은 배요 그 영광은 그들의 부끄러움에 있고 땅의 일을 생각하는 자라(빌 3:19)

사도 바울은 배(腹)를 신(神)으로 삼고 사는 자들을 조심하라

한다. 이는 온통 관심이 무엇을 먹을까 무엇으로 배를 따습게 할까 하는 생각에 붙들린 자들이다. 즉 육신적인 삶이며 짐승처럼 본능을 따라 사는 자들이다. 이성을 통해 하나님을 찾고 하나님의 뜻을 따라 살아가야 하는 영적인 존재임에도 불구하고 욕심에 사로잡혀 사는 자들이다. 결국 사탄의 종으로 살아간다. 그 처지가 배로 기어 다니는 뱀의 모습과 같다. 사탄이 준 세상의 악한 가르침을 먹고 마신 결과이다. 이렇듯이 뱀처럼 배를 땅에 붙이고 살아가게 하는 악한 가르침은 분별하여 받아들이지 말라는 것이 이 말씀의 본질적인 의미다.

성전의 제물

이스라엘 백성에게 성전은 삶의 모든 것이나 마찬가지였다. 그러니 당연히 성전제사가 중요했다. 레위기에는 제사 시에 희생제물을 어떻게 드려야 하는가에 대한 내용이 자세히 기록되어 있다.

> 사람이 만일 화목제의 제물을 예물로 드리되 소로 드리려면 수컷이나 암컷이나 흠 없는 것으로 여호와 앞에 드릴지니(레 3:1)

제물로 쓰인 짐승은 소와 양, 염소였는데 제사드릴 때마다 이런 짐승들이 희생되었다. 그러나 이런 짐승의 제사가 더는 필요 없게 되었다. 예수가 온전한 제물이 되시어 단 한 번의 희생으로 모든 희생 제사를 완전케 하셨기 때문이다. 곧 '영원한 속죄'(히 9:12)를 이루신 것이다. 그렇다면 왜 굳이 소와 양, 염소로 제물의 종류를 한정시키셨을까? 제물로 드린 짐승은 흠이 없는 거룩한 제물이어야 했다. 이렇게 드린 제물의 공통된 점은 이 짐승들이 위가 공히 넷이라는 것이다. 두 개의 위는 음식을 일단 넣어 보관하는 용도이며 다른 두 개의 위는 되새김한 후에 보내는 곳으로 영양분을 흡수하는 역할을 한다. 이렇게 네 개의 위를 가진 짐승들로 제물을 삼으신 이유가 어디에 있을까? 거룩함과 무슨 상관이 있는가? 이는 '말씀과 기도'(딤전 4:5) 두 가지를 뜻한다. 그렇다면 둘이면 되는데 왜 넷일까? 이는 말씀도 둘이고 기도도 둘이라는 의미다. 두 가지 말씀은 옛 언약과 새 언약, 즉 모세를 통해 주신 말씀과 예수를 통해 주신 말씀을 가리킨다. 안의 내용이 중요하다고 담는 겉의 그릇이 없어서는 안 된다. 글자 그대로의 역사와 문화, 그 당시의 스토리를 이해해야 한다. 그러나 무엇보다 더욱 중요한 것은 그 안에 담긴 본질인 진리다. 기도를 할 때도 현상과 본질 사이에서 균형을 맞춰 드리는 기도가 필요하다. 뒤에서 숫자에 담겨진 뜻을 설명하겠지만 둘이라는 히브리어에는 '반복하다, 교체하다'라는 뜻이 있다. 즉 말씀과 기도를 반복할 때 옛 속성이 빠져나가고 새사람이 되어 거룩한 산제물이 된다는 의미다. 이러한 제물의 의미를 깨달은 사도 바울은 우리가 거룩한 산제물이 되어야 할 것을 말한 것이다.

그러므로 형제들아 내가 하나님의 모든 자비하심으로 너희를 권하노니 너희 몸을 하나님이 기뻐하시는 거룩한 산 제물로 드리라 이는 너희가 드릴 영적 예배니라(롬 12:1)

소제와 누룩

성전제사의 종류 중에 소제(素祭)가 있다. 이 소제를 드릴 때 명심해야 하는 사항은 '누룩을 넣지 말라'(레 2:11)는 것이다. 이는 유월절 떡을 만들 때도 강조하신 내용이다.(출 12:15) 이 누룩이 무엇이기에 이토록 거듭거듭 말씀하시는가? 누룩을 넣지 않는 빵이 맛있을 리 없을 터인데 말이다. 몇 개의 떡과 물고기로 수천 명을 먹이시는 기적을 베푸신 후에 예수가 제자들과 나눈 말씀이다.

어찌 내 말한 것이 떡에 관함이 아닌 줄을 깨닫지 못하느냐 오직 바리새인과 사두개인들의 누룩을 주의하라 하시니 그제서야 제자들이 떡의 누룩이 아니요 바리새인과 사두개인들의 교훈을 삼가라고 말씀하신 줄을 깨달으니라(마 16:11~12)

이때도 누룩 이야기를 하는데 제자들은 떡 이야기인 줄로 오해한다. 바리새인과 사두개인의 누룩이란 이런 선생 된 자들이 진리를 가르쳐야 하는데 잘못된 가르침을 섞어서 가르친 것을 말한다. 맹인 된 자들이 선생을 하니 자기 생각대로 사람의 계명을 만들어 가르치는 것이다. 그렇게 하나님의 뜻과 무관한 교리와 신학이 만들어졌다. 무엇보다 문제는 기복적인 가르침이다. 하나님께 올려드리는 제사에 누룩이 섞이지 않는 순전한 떡이 쓰이듯이 예배도 비진리가 섞이지 않는 진리만이 선포되야 한다.

속죄규례

죄를 속하기 위해서는 제물로 드린 짐승의 피를 뿌려야 한다. 제물의 피를 '속죄소 앞에 일곱 번'(레 16:14) 뿌리는데 일곱이라는 숫자는 안식을 뜻한다. 죄지은 자가 속죄함을 받아 마침내 하나님이 그 안에 오셔서 함께 안식을 누리는 복된 인생이 된다는 뜻이다. 훗날 온전한 제물로 오신 예수가 이 희생제물이 되어 피를 뿌려주신다.

> 그러므로 형제들아 우리가 예수의 피를 힘입어 성소에 들어갈 담력을 얻었나니(히 10:19)

바울은 이제는 예수가 흘려주신 속죄의 피를 힘입어 죄인인 우리가 지성소로 나아갈 수 있다고 선포한다. 예수의 피는 우리의 죄를 사하시기 충분하실 뿐만 아니라 거룩하게 하시기에 부족함이 없는 '일곱 번의 피 뿌림'이 되었다.

소제에 누룩이 섞이지 않는 순전한 떡이 쓰이듯이 예배도 비진리가 섞이지 않는 진리만이 선포되야 한다.

첫 번째 피 뿌림은 겟세마네 동산에서 기도하실 때 일어났다. 얼마나 간절히 기도하셨는지 '땀이 땅에 떨어지는 핏방울'(눅 22:44)이라고 표현했다. 이는 이마에서 흘러내리는 땀이 모세혈관이 터져 나온 피와 범벅이 되어 흘러내린 것이다.

두 번째 피 뿌림의 장소는 대제사장의 집 뜰이다. 여러 사람이 예수의 얼굴에 침을 뱉고 주먹으로 친다.(마 26:67) 증오심에 찬 주먹으로 온 힘을 다해 후려친 것이다. 코피가 터지고 선혈이 낭자한 얼굴이 되셨다.

세 번째 피 뿌림 사건은 등에 채찍을 맞으신 법정이다.(마 27:26) 당시 채찍의 횟수는 사십에 하나를 뺀 숫자였다. 더는 때리지 못하게 하는 것은 자칫 죽을 수 있기 때문이다. 예수는 이미 죽기 직전까지 맞은 것이다. 이런 탓에 예수는 골고다 언덕길을 오르실 때 몇 번이고 쓰러지셨으며 구레네 시몬이 대신 십자가를 지기도 하였다.

네 번째 피 뿌림은 조롱하는 군병들이 씌운 가시관 때문이다.(마 27:29) 가시로 엮은 관의 가시가 머리를 파고 들어가 얼굴과 머리 전체가 피로 범벅이 되셨다.

다섯 번째 피 뿌림과 여섯 번째 피 뿌림의 현장은 골고다 언덕이다.(마 27:35) 골고다 언덕에 도달한 예수의 두 손에 각각 못을 박고 발을 포개어 하나의 못으로 박은 것이다.

마침내 주님은 마지막 일곱 번째 피 뿌림까지 채우신다. 죽음의 극한 고통 가운데도 성경의 약속을 온전히 이루신다. 옆구리에서 쏟으신 피와 물이 그것이다.(요 19:34) 우리를 위해 남은 한 방울까지 흘려주시는 사랑의 피다. 알아갈수록 하나님의 사랑은 한이 없다.

절기(節氣)

유대인들은 모세를 통해 주어진 절기를 지키지 않는 것은 이미 유대인이기를 포기하는 큰 죄로 여겼다. 그런데도 사도 바울은 절기에 대해 '장래 일의 그림자'(골 2:17)라 하였다. 이제는 전에 지키던 절기가 예수 그리스도의 오심으로 완성되었다는 확신이 있었기 때문에 초등학문이라며 더 이상 지킬 의무가 없다고 선포한다.

이제는 너희가 하나님을 알 뿐 아니라 더욱이 하나님이 아신 바 되었거늘 어찌하여 다시 약하고 천박한 초등학문으로 돌아가서 다시 그들에게 종노릇 하려 하느냐 너희가 날과 달과 절기와 해를 삼가 지키니 내가 너희를 위하여 수고한 것이 헛될까 두려워하노

라(갈 4:9~11)

날(日)은 안식일이며 달(月)은 초하루를 의미한다. 이제 본체(本體)이신 예수 그리스도가 오심으로 절기는 끝났다는 선포를 한다. 절기는 그림자에 불과했다는 것이다. 그렇다면 절기가 어떻게 완성되었다는 말일까?

먼저 살펴볼 절기는 유월절(逾越節), 즉 무교절(無酵節)로 어린양을 잡아 문설주와 인방에 피를 바름으로 죽음을 넘어가게 한 날이다. 애굽의 장자들이 죽을 때에 이스라엘 사람들의 집에서는 아무 일도 일어나지 않았다. 이때 희생된 어린양이 바로 예수의 예표였다. 세례요한은 예수를 알아보고 '하나님의 어린양'이라고 고백했다. 유월절의 어린양으로 오신 예수는 마침내 유월절에 죽임을 당하심으로 성경을 응하게 하신다. 뿐만 아니라 순전한 떡, 즉 '누룩이 섞이지 않는 순전함과 진실함의 떡(고전 5:8)으로 오신 것이다. 바로 거듭해서 말씀하신 생명의 떡이다. 이렇게 하여 무교절을 이루어 주신 것이다.

두 번째 절기는 첫 열매를 거둔 것에 대한 감사를 표하는 초실절(初實節)이다. 사도 바울은 예수를 '부활의 첫 열매'(고전 15:20)라고 언급한다. 첫 열매는 바로 그리스도의 예표였던 것이다. 죽음을 이기시고 부활하신 예수가 부활의 첫 열매다. 이제 우리는 이 첫 열매이신 그리스도로 인해 또 다른 열매들이 되는 것이다. 마치 포도나무에 붙어있으면 열매를 맺듯 그리스도에게

> 우린 보이는 것이 다 인 양 살아가는데 하나님의 관심은 내면에 있으시다. 이것이야말로 영원까지 이어지기 때문이다.

붙어있으면 죽음을 건너뛰는 부활의 열매를 맺게 된다.

마지막은 장막절(帳幕節)인데 수장절(收藏節)이라고도 한다. 추수를 끝내고 곡식을 장막 안에 거둬들인 것에 대해 감사하는 절기이다. 사도 바울은 우리 안에 부활의 첫 열매로 오신 그리스도로 인해 우리 안에 장막이 세워졌다고 선포한다.(고전 3:16) 십자가를 통과한 주님은 약속한 대로 오순절에 강림하셨다. 120명의 사모하는 자들에게 거룩한 영으로 임하신다. 첫 열매로 오신 그리스도가 마침내 밖에서 장막 안으로 들어오신 것이다.

그동안 이스라엘 백성들이 지켜온 3대 절기를 예수 그리스도가 다 이룬 것이다. 참으로 놀라운 섭리이다. 그런데도 이를 알지 못하고 밖의 절기에 매여 있는 유대인들이 안타까울 뿐이다. 오신 그리스도를 보지 못하는 맹인들이기 때문이다.

십일조

십일조는 이스라엘 백성들에게 주어진 책무였다. 이렇게 드린 물질로 성전을 관리하고 제사장들의 생활비와 이웃을 위한 나눔의 재원이 되었다. 하나님은 말라기서에서 십일조를 떼어먹는 자들의 도둑질을 엄하게 질책했다.(말 3:10) 그런데 예수는 그때까지 일반적으로 생각하던 십일조의 개념과는 다른 차원의 말씀을 한다.

> 화 있을진저 외식하는 서기관들과 바리새인들이여 너희가 박하와 회향과 근채의 십일조는 드리되 율법의 더 중한 바 정의와 긍휼과 믿음은 버렸도다 그러나 이것도 행하고 저것도 버리지 말아야 할지니라(마 23:23)

'박하와 회향과 근채'는 향의 재료들이다. 유대인들은 자신들이 취하게 된 현금뿐만이 아니라 현물도 세세하고 정확하게 십일조를 드렸다. 말라기서 내용도 이것을 도둑질했다는 뜻이 아니었다. 다른 더 중요한 드릴 항목이 있다는 얘기다. 십일조라고 번역된 히브리어는 הַמַּעֲשֵׂר(마아세르)로 '열 번째'라는 의미가 있는데 이는 단지 열개 중 하나를 드리라는 의미가 아니라 '열이 된 것'을 드리라는 의미다. 열은 '부요하다, 풍부하다'라는 뜻이다. 즉 안에서 부요해지고 풍부해진 것으로 드리라는 거였다. 예수는 이것을 '정의와 긍휼과 믿음'이라고 한다. 이것은 안에 있는 것으로 보이는 것이 아니었다. 하지만 하나님은 이것이 더 중요하다 하신다. 우린 보이는 것이 다인 양 살아가는데 하나님의 관심은 내면에 있으시다. 이것이야말로 영원까지 이어지기 때문이다.

이 말씀 후에 '낙타와 하루살이'(마 23:24)에 대해 언급한다. 하나님의 뜻을 모를 뿐 아니라 백성들에게 제대로 가르쳐주지 못하는 맹인 된 지도자들은 성경의 글자는 아나 의미를 못 보는 자들이다. 즉 중요한 영적인 것을 하찮은 하루살이처럼 소홀히 여기고 재산 가치가 있는 낙타와 같은 물질을 더 챙긴다는 것이다.

온전한 십일조는 밖의 물질도 드려야 하나 더 중요하게 드릴 것은 안에 있는 새롭게 변화된 마음이다. 잘 맺어진 성령의 열매를 드려야 한다. 열매를 맺어야 드릴 수가 있다. 또한 하나님 앞에 헌금을 드릴 때 조건을 달아서는 안 된다. 다른 사람들의 시선을 의식해서 억지로 드려서도 안 된다. 감사의 마음을 담아서 정성껏 드려야 기뻐 받으신다. 되돌아보면 모든 것이 다 주님의 은혜다. 구원의 은혜가 무엇보다 크다. 위험 속에서 지켜주시고 건져내신 은혜가 셀 수 없이 많음을 고백하는 삶을 살고 있는가?

금식

이스라엘 백성들은 금식을 경건의 수단으로 사용했다. 유대민족이 풍전등화(風前燈火)와 같은 죽음에 처했을 때도 에스더와 유대민족들이 금식하며 기도했다. 이사야는 '하나님이 기뻐하시는 금식'(사 58:6)에 대해 자세하게 기록하고 있다. 이러한 금식은 예수 당시에도 보편적으로 행해졌다. 요한의 제자들이 찾아와서 금식에 대해 질문한다.(마 9:14) 자신들과 바리새인들은 금식하는데 왜 예수의 제자들은 금식하지 않느냐는 거였다. 이에 대한 예수의 답변은 쉽게 납득하기 어렵다.

> 예수께서 그들에게 이르시되 혼인집 손님들이 신랑과 함께 있을 동안에 슬퍼할 수 있느냐 그러나 신랑을 빼앗길 날이 이르리니 그 때에는 금식할 것이니라(마 9:15)

혼인집 이야기를 하면서 신랑이 있을 때는 슬퍼하지 말고 잘 먹으라 말한다. 예수는 스스로를 신랑으로 빗대어서 말하면서 당신과 함께하는 자리가 혼인잔치 자리이기 때문에 잘 먹어야 한다고 답한 것이다. 그러나 자신이 떠나면 금식할 수밖에 없다는 말을 더한다. 이 말씀은 단지 슬퍼서 더는 음식을 먹지 못한다는 뜻일까? 여기서 먹어야 하는 것은 예수로 인한 영혼의 양식을 뜻하는 진리의 가르침이다. 즉 예수와 함께 있는 동안은 가르침을 잘 받아들여 소화시키되 떠나셔서 더는 가르침이 없을 때 세상의 비진리에 대해서 금식하라는 것이다. 예수가 말씀하신 금식은 육의 금식이 아니라 영혼의 금식이었다. 아무 음식이나 먹으면 몸에 병이 생기듯이 영혼의 양식을 가리지 않고 받아들이면 영혼에 중병이 생길 수밖에 없다. 이렇듯이 예수는 그동안 지니고 있던 고정관념을 바꾸신다. 예수는 글자에 얽매여 종교행위를 하던 저들에게 자유를 선포하신다. 진리가 너희를 자유하게 하리라는 선포다.

구제

유대인들에게는 가난한 자에 대한 구제가 생활화되어 있었다. 성경 곳곳에서 구제에 대해 말씀하셨기 때문이다. 산상수훈에서도 예수가 '은밀한 구제'(마 6:4)에 대해 말씀하신다. 그런데 여기서 머물지 않고 더 나아가 이렇게 말씀하신다.

> 그러나 그 안에 있는 것으로 구제하라 그리하면 모든 것이 너희에게 깨끗하리라(눅 11:41)

밖의 구제는 물질로 하는 것인데 안의 구제는 무엇으로 하는 구제인가? 단지 물질로 하는 생활의 구제만이 아니라 마음을 구제하라는 것이다. 물질적인 어려움이 있는 자들만이 아니라 어둠의 영에 사로잡혀 종노릇하고 있는 사람들을 하나님은 더욱 가슴 아파하신다. 진리의 말씀으로 이들의 영혼을 구제하라는 것이다. 육의 양식에 그치지 말고 영혼의 양식으로 하는 구제가 더욱 중요하다고 말씀하신다.

부자와 거지 나사로의 이야기가 바로 이런 의미다.(눅 16:19~31) 단지 물질의 구제를 하지 않았다고 지옥에 간다면 이 얼마나 무서운 하나님인가? 반면에 가난한 거지라고 다 천국에 간다면 이 또한 공의의 하나님이라고 할 수 있을까? 이는 단지 소유나 물질의 구제 이야기가 아니다. 여기서 언급하는 부자는 외식하는 자를 뜻한다. 곧 자신이 괜찮은 신앙인이라고 자부하는 사람이다. 신앙의 스펙이 화려한 바리새인과 같은 영적인 지도자일 수도 있다. 하지만 실상은 교만한 자로 라오디게아 교회처럼 밖으로는 부유해 보이나 실상 안으로는 비천한 자이다.

반면에 거지 나사로는 마음이 가난한 자를 의미한다. 하나님에 대한 사모함으로 영혼의 양식을 구하는 자이다. 그런데 정작 부자는 줄 것이 없었다. 하나님에 대한 지식도 없이 외식하는 신앙이 전부였기 때문이다. 그 결과 부자는 지옥의 나락으로 떨어졌고 가난한 심령의 소유자인 나사로는 은혜 가운데 천국으로 가게 된다. 심령이 가난한 자에게 천국이 임한다고 말씀하셨기 때문이다. 주님은 사모하는 자의 마음에 임하신다. 이렇게 가난한 심령을 지니고 주님을 찾는 자에게 줄 것이 준비된 내면의 부자가 되어야 한다는 당부의 말씀이다. 할 수 있고 기회가 주어졌을 때 영혼의 창고에 양식을 채워 놓아야 한다. 물론 진리로 차곡차곡 채워가는 창고이다.

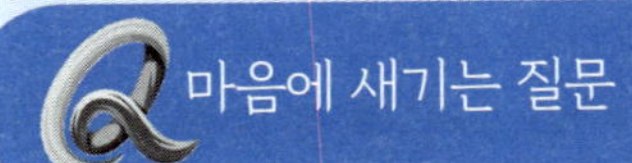

1. 10계명에 담긴 본질적인 뜻이 무엇인지 이야기해보자.

2. 할례의 본질적인 의미는 무엇인지 신명기 30장 6절 말씀과 관련해서 이야기해보자.

3. 유대인들의 3대 절기는 예수 안에서 완성되었다. 구체적으로 어떻게 완성되었는가?

4. 십일조의 근본적인 의미에 대해서 이야기해보라.

예표의 실체로 드러난 진리

너희가 성경에서 영생을 얻는 줄 생각하고 성경을 연구하거니와 이 성경이 곧 내게 대하여 증언하는 것이니라(요 5:39)

사람들은 성경을 무언가를 해결하려는 수단으로 대하는 경향이 많다. 무언가를 얻으려고 말이다. 그러나 예수는 분명히 말씀한다. 성경에서 무엇(what)을 얻으려고 하지 말고 나(who)를 만나라고 말이다. 예수 그리스도가 성경의 주인공이라는 사실을 한시도 잊어서는 안 된다. 신약뿐만이 아니라 구약도 그렇다. 구약의 어디부터인가? 물론 창세기부터이다. 성경 곳곳에 배어있는 그리스도의 흔적을 찾아낼 때 말씀이 열린다. 그릇 안에 담겨 있던 참된 보화인 진리가 드러나는 순간이다.

메시아(그리스도)

시편 2편에는 오실 메시아에 대한 예언적인 시가 기록되어 있다. 메시아(מָשִׁיחַ)는 히브리어로 '기름 부음을 받은 자'라는 뜻으로 헬라어로는 그리스도(Χριστός)다. 그 당시 왕을 세울 때는 기름을 부었다. 즉 예수는 왕으로 오신 것이다. 마지막 골고다 언덕에 세워진 십자가의 명패에 '유대인의 왕'이라는 말이 적혔던 이유가 여기에 있다. 뿐만 아니라 예수가 세례 요한에게 세례를 받으실 때에 하늘에서 들린 '내 사랑하는 아들'(마 3:17)이라는 소리도 시편에 나오는 말씀이었다. 이사야서에서도 메시아에 대한 언급을 많이 찾아볼 수 있다. 다윗의 왕위를 이은 후손 중에 오실 메시아에 대한 예언 속에 '한 가지'(사 11:1)라고 표현된 히브리어가 바로 나사렛(נֵצֶר)인데 이는 예수가 살던 동네였다. 또한 '공의로 다스릴 메시아'(사 32:1)와 '고난받는 종'(사 53:11)에 대한 기록도 찾아볼 수 있다.

메시아로 오신 예수는 왕이셨으나 여느 왕과는 다른 왕이었다. 무력으로 다른 나라를 정복해가는 왕이 아니라 진리의 말씀으로 사탄의 나라를 무너트리는 왕이다. 우리 안에 터 잡고 있는 사탄의 왕국을 하나님의 왕국으로 바꿔 주려고 오신 것이다.

사도 바울이 다메섹 도상에서 회심한 후의 첫 일성도 바로 이런 엄청난 비밀을 깨달은 탄성이었다. 예수는 그리스도시라는 말이다. 이는 십자가에 달리신 예수는 끝난 것이 아니라 자신 안에 왕으로 오신 그리스도(메시아)가 되심을 확신한 환희에 찬 선포였다. 그래서 그의 첫 일성은 '예수는 그리스도'(행 9:22)였다. 사도 바울의 다음 기록은 얼마나 아름다운 고백인가? 우리가 찬양으로도 많이 부르는 말씀이다.

내가 그리스도와 함께 십자가에 못 박혔나니 그런즉 이제는 내가 사는 것이 아니요 오직 내 안에 그리스도께서 사시는 것이라 이제 내가 육체 가운데 사는 것은 나를 사랑하사 나를 위하여 자기 자

신을 버리신 하나님의 아들을 믿는 믿음 안에서 사는 것이라 (갈 2:20)

예수는 그리스도(메시아)이시다. 비록 유대인들에게는 버림을 받으셨을지라도 우리에겐 확실한 그리스도이시다. 저들은 밖으로 오실 그리스도를 기대했다. 그래야 로마를 무찌르고 유다를 독립시켜 줄 거라고 생각한 것이다. 지금도 오실 메시아를 기다리고 있는 저들이 안타까울 뿐이다. 이미 오셔서 우리 가운데 계신 데 말이다.

어린양

예수를 본 세례요한의 첫 마디가 무엇이었나? 어린양, 즉 '세상 죄를 지고 가는 하나님의 어린양'(요 1:29)이라는 선언이었다. 그는 예수가 어린양으로 오셨다는 것을 알았다. 에덴동산에서 피 흘린 바로 그 어린양 말이다.

여호와 하나님이 아담과 그의 아내를 위하여 가죽옷을 지어 입히시니라(창 3:21)

사람들은 무화과나무 잎으로 부끄러움을 가려본다. 그러나 잠시 가릴 수 있을지는 몰라도 근본적인 대책이 될 수는 없다. 인

오직 한 가지 방법을 통하지 않고는 안 된다는 것을 미리 보여주신 것이 바로 가죽옷으로 이는 어린양의 가죽을 의미한다.

본주의적인 도덕과 윤리, 또는 다른 종교를 통해 죄를 해결하려는 사람들의 노력 역시 마찬가지다. 오직 한 가지 방법을 통하지 않고는 안 된다는 것을 미리 보여주신 것이 바로 가죽옷으로 이는 어린양의 가죽을 의미한다. 훗날 묵묵히 십자가를 지고 죽음의 길을 가신 예수의 순종을 보여주는 짐승이 필요했다.

아브라함의 아들인 이삭도 훗날 번제로 드려질 완전한 제물이 되신 예수를 예표한다. 더 나아가 이삭을 대신한 모리아 산의 숫양(창 22:13)도 예수의 예표다. 희생된 숫양으로 인해 생명을 유지하게 된 이삭이 바로 우리들이다. 참으로 알면 알수록 감사가 나온다.

유월절 어린양을 드리는 규례는 어떠한가? 이스라엘 백성들이 애굽에서 나오기 전에 큰 재앙이 있었다. 하나님께서는 마지막 열 번째 재앙을 통해 애굽의 장자들을 치신다. 이때 이스라엘 백성들의 집은 건너뛰었다. 이 일을 기억하는 의미에서 유월절(passover)이라는 이름을 붙였다. 그렇다면 어떻게 이스라엘 백성들의 집을 식별했을까? 잡은 어린양의 피를 좌우 문설주와 인방에 바른 집은 건너뛰신 것이다. 만약 이스라엘 사람이라도 이 피를 바르지 않았다면 죽임을 당했을 것이다. 피가 그 표적이었기 때문이다. 훗날 피 흘려 죽을 예수를 미리 보여주신 것이다.

성전

성전은 하나님이 거하시는 곳으로 이스라엘 백성들에겐 삶의 전부라 할 수 있다. 하나님이 안 계신 삶은 생각조차 할 수 없도록 어려서부터 뼛속 깊이 새겨진 민족이 바로 이들이다. 구약성경의 큰 줄기도 바로 성전을 건축하는 이야기다. 애굽에서 나온 후 광야에서 만들라 하신 것이 이 성막이고, 가나안 땅에 들어가서도 다윗을 통해 준비케 하시고 솔로몬에 의해 건축하게 하신 것도 성전이다. 성전을 향한 하나님의 마음이 오죽하셨으면 성전을 짓겠다는 다윗을 보시고 그토록 기뻐하시며 언약을 맺으셨을까? 또한 성전을 건축한 솔로몬에게 얼마나 큰 은혜를 주셨는가?

예수가 오셨을 당시의 성전은 헤롯 성전이었다. 첫 번째 성전인 솔로몬 성전은 바벨론 침공 시 무너졌고 포로 이후에 다시 지어진 스룹바벨 성전도 무너졌다. 훗날 이방인이면서 유대의 분봉왕이 된 헤롯은 유대인의 환심을 사려고 더 크고 웅대하게 성전을 건축했다. 그 웅장함이 솔로몬 성전보다 더했고 성전 건축에 걸린 기간도 자그마치 46년이나 되었다. 이 헤롯성전 앞에서 제자들이 자랑스럽게 말한다. 참 대단하지 않느냐고 말이다. 그러나 예수는 성전을 헐라고 하신다.(요 2:19) 큰일 날 말이다. 성전이 어떤 곳인지 모르는 이방인도 아닌데 말이다. 제자들은 시간이 자나서야 그 뜻을 깨닫고 이렇게 기록할 수 있었다. '이는 성전된 자기 육체를 가리켜 하신 말씀'이라고 말이다. 성전의 실체가 예수 자신이라는 말씀이다. 이제 실체가 왔으니 그림자는 필요 없다는 선포로 이를 깨달은 히브리서의 저자는 '장막은 현재까지의 비유'(히 9:9)라고 기록한다. 즉 건물 성전은 보이지 않는 더 중요한 본질적인 성전이 있음을 미리 보여주는 그림자라는 것이다.

이를 확실히 깨달은 사도 바울은 더 나아가 고린도 교회 성도들을 향해 '너희가 하나님의 성전'(고전 3:16)이란 놀라운 선포를 한다. 성전의 실체이신 그리스도가 우리 안에 들어오시면 우리가 곧 성전이라는 것이다. 이것이 놀라운 하나님의 경륜이다. 우리를 성전 삼아 함께하시려고 그토록 오랫동안 기다리신 것이다. 우리가 '하나님의 집'(히 3:6)이다. 학개서에는 '보배 성전'이라는 표현이 나온다.

> 또한 모든 나라를 진동시킬 것이며 모든 나라의 보배가 이르리니 내가 이 성전에 영광이 충만하게 하리라 만군의 여호와의 말이니라 (학 2:7)

학개 선지자는 성전의 주인 되시는 그리스도의 오심을 미리 말하고 있다. 성경의 예언대로 예수가 태어나셨을 때 동방의 박사들이 보배함을 가지고 왔다. 보배이신 그리스도를 뜻하는 금과 유향과 몰약을 넣어서 말이다. 또한 '이전의 영광보다 더한 영광'(학 2:9)이란 기록은 하나님께서 지금까지 건물 성전에 임하셨지만 때가 되면 심령 성전에 임하신다는 뜻이다. 스데반도 순교 당하기 전에 한 마지막 설교에서 '하나님은 사람들이 만든 인공적인 건축물 안에 계시지 않는다'(행 7:47~49)라고 했다. 하나님은 우리의 생각과 마음 안에 집을 지어 함께 살고 싶으신 것이다. 그 바람이 얼마나 크셨으면 자신의 이름을 '임마누엘'이라 하셨을까?

언약궤

예수는 말씀의 하나님이 육신의 몸을 입으신 분이다.(요 1:14) 신성이 인성을 덧입으신 분이다. 이러한 예수의 성육신(成肉身, Incarnation)을 드러내고 있는 것이 말씀의 돌판을 넣는 언약궤다. 우리와 같은 인성을 지닌 몸을 입으신 예수는 신성으로 인해 그 인성까지도 완전하게 성화시키신 분이시다. 조각목으로 만든 언약궤를 금으로 싸는 것에 이런 의미가 있다.(출 25:10~11) 조각목은 히브리어 싯딤(שִׁטָּה)으로 가시나무라는 뜻이다. 즉 가시나무처럼 다른 사람을 끊임없이 찔러대는 자기중심적인 우리의 모습을 나타낸다. 이런 인성이 연단의 과정을 거쳐 금과 같은 아름다운 모습으로 변화되어 가는 것이다. 예수도 광야 시험을 통이는 언약궤이신 그리스도가 우리 안에 들어오신 것이다. 진리로 우리의 심비 속에 오신 것이다.

해 연단의 과정을 거친 후에 마침내 왕이 되신다. 언약궤 위의 금테가 바로 왕관을 의미하는 것으로 예수가 기름 부음을 받은 그리스도 왕이심을 보여준다.

언약궤 위에는 그룹들(כְּרֻבִים, 케루빔)을 두었다. 이들에게 그 안에 담긴 두 돌판을 지키는 임무가 주어진 것이다. 바로 에덴동산의 생명나무를 지키는 케루빔이기도 하다. 하나님은 이들로 하여금 생명나무에 이르는 길목을 지키게 하셨다. 이는 훗날 변화산 위의 모세와 엘리야를 뜻하는데 역시 이들을 통해 성경을 보존하게 하신다. 예수는 율법과 선지자를 완전케 하러 오셨다.(마 5:17) 여기에 언급된 율법과 선지자의 대표가 바로 모세와 엘리야다. 마침내 때가 되어 오신 예수가 구약의 모든 역사와 사건, 규례 안에 담아둔 진리를 드러내신다. 변화산상에서도 모세와 엘리야는 더 이상 보이지 않고 오직 예수만 보였다는 말이 바로 이런 의미였다. 이제는 실체가 오심으로 그림자로서의 역할이 끝났다고 선포하는 놀라운 광경이다.

언약궤 안에는 증거판인 두 돌판을 넣는다. 이는 예수의 신성으로 당신이 말씀이신 하나님 그 자신이심을 보여주는 것이다. 예수는 이 신성을 통해 마리아로부터 입은 인성을 승화시켜 나가신다. 이는 우리가 가야 하는 신앙의 여정을 보여주신다. 믿음은 우리 안에 진리로 오신 그리스도와 함께 나아가는 순례의 여정이고, 가시나무와 같은 우리의 인성 위에 금을 입혀가는 연단의 여정이기 때문이다.

이스라엘은 애굽과 앗수르, 그리고 바벨론에게 수차례 침공을 당한다. 성전은 무참하게 파괴되었고 그 전란 중에 언약궤도 잃고 만다. 언제 어느 나라에 빼앗겼는지 기록도 않다. 그런데 느닷없이 그 언약궤가 신약성경에 등장한다. 바로 계시록이다.

> 이에 하늘에 있는 하나님의 성전이 열리니 성전 안에 하나님의 언약궤가 보이며 또 번개와 음성들과 우레와 지진과 큰 우박이 있더라 (계 11:19)

하늘의 성전에 언약궤가 있다고 하신다. 애굽도 아니고 바벨론도 아니고 말이다. 이제 성전이 어디인지 분명히 알게 되었다. 바로 우리가 성전이다. 하나님은 우리 안에 언약궤가 있다고 하신다. 이는 언약궤이신 그리스도가 우리 안에 들어오신 것이다. 진리로 우리의 심비 속에 오신 것이다. 참으로 놀라우신 은혜이며 크신 섭리다. 에스겔서에는 '두루마리를 먹는 이야기'(겔 3:1)가 기록되어 있는데 이 두루마리는 하나님의 말씀이 기록된 책이다. 마치 음식을 먹듯이 말씀을 먹는 것에 빗대어서 표현하고 있다. 훗날 예수가 오셔서 내 살을 먹고 피를 마시라고 말씀하신다. 여기서 두루마리를 먹는 것은 곧 주님을 먹고 마시는 것이다. 우리에게 주신 진리, 순전한 만나로 내려주시는 일용할 양식을 가리킨다.

예루살렘의 왕

롯과 그의 가족들이 전쟁 시에 포로로 잡혀가자 아브람이 군사를 이끌고 가서 가족들을 찾아오는 사건이 나온다. 사람뿐만이 아니라 재물까지 다 말이다. 이때 개선하는 아브람 일행을 맞이하는 사람이 있었다.

> 살렘 왕 멜기세덱이 떡과 포도주를 가지고 나왔으니 그는 지극히 높으신 하나님의 제사장이었더라(창 14:18)

바로 살렘 왕 멜기세덱으로 그는 떡과 포도주를 가지고 나온다. 제사장으로 아브람을 축복하자 아브람은 그에게 십일조를 드린다. 이것만 보아도 당시 멜기세덱의 신분이 보통이 아니라는 것을 짐작할 수 있다. 훗날 이 사건을 히브리서의 기자는 '멜기세덱의 반차를 따른 대제사장'(히 5:10)이라고 기록한다. 그리스도가 멜기세덱의 반차(班次)를 따른 대제사장이라는 것이다. 일반적인 제사장들이 육적 혈통인 아론의 반차를 따라 이어졌다면 영적인 대제사장으로 오신 예수 그리스도는 멜기세덱의 반차를 따라 오셨다는 의미다. 멜기세덱은 오실 예수 그리스도의 예표였다. 이미 이사야서에서 태어나실 예수를 '평강의 왕'(사 9:6)이라고 기록한다. 평강은 히브리어 살렘(שָׁלֵם)인데 예루살렘이 바로 '평강의 성'이기에 이는 예루살렘의 왕이라는 의미다.

사도 바울은 예수가 오심으로 이 땅에서 선취하는 천국의 모습을 '의와 평강과 희락'(롬 14:17)이라고 기록한다. 하나님의 나라는 왕이신 그리스도가 오셔서 다스리시는 왕국이다. 그리스도는 의(義)로우신 분으로 그리스도가 다스리시는 증거는 평강(平康)으로 나타난다. 환경과 여건을 뛰어넘는 샬롬이다. 평강의 성인 예루살렘의 왕이시기 때문이다. 이런 평강에서 솟아 나오는 희락(喜樂)의 삶이다. 참 행복은 밖에서부터 오는 것이 아니라 안에 계신 그리스도에게서 나온다.

진리의 씨

예수는 천국의 비유에서 네 종류의 밭에 대해 말한다. 결국은 씨를 잘 받아들이는 옥토가 되어 많은 열매를 맺으라는 말씀으로 우리 마음의 상태를 이야기하신 것이다. 여기서 씨는 진리를 뜻하는데 곧 예수의 가르침을 잘 받아들여 성령의 열매를 맺으라는 말이다. 이어지는 작은 겨자씨 비유도 역시 진리의 씨에 대한 말씀이다.

하나님은 아브라함과 언약을 맺으면서 씨에 대해 언급하신다.(창 22:17~18) 하늘의 별과 같고 바닷가의 모래 같은 영적인 자녀들을 낳을 것에 대한 말씀이다. 이 씨는 단지 아들인 이삭만을 말한 것이 아니다. 대적의 성문은 원수인 사탄을 지칭하는 것으로 골고다에서 마침내 승리한 예수 그리스도를 통해 영생의 복을 천하 만민에게 주실 것을 말씀하신다.

하나님은 성전을 짓겠다는 다윗의 서원을 기뻐하시고 그와 언약을 하시면서도 '네 몸에서 날 씨'(삼하 7:12)에 대해 언급하신다. 다윗의 씨는 단지 솔로몬을 지칭하신 것이 아니다. 다윗으로 인한 나라는 솔로몬의 아들 대에 두 나라로 쪼개지고 말았다. 또한 불과 200여 년 후에 북쪽 이스라엘은 앗수르에 의해 멸망당하고 남쪽 유다는 그보다 150여 년을 더 지속하다 바벨론에게 멸망당하고 만다. 씨는 진리로 오신 그리스도로 영적인 계보가 끊이지 않고 이어질 것을 약속하신 것이다. 하나님의 관심은 육신의 혈통이 아닌 영적인 혈통에 있기 때문이다.

만나

요한복음 6장에서 예수는 자신을 떡이라고 여러 차례 말씀하신다. 실상 이 말씀을 하실 때 사람들이 많이 떠나간다. 이해하기가 어렵다는 게 그 이유였다. 그들은 사람이 무슨 떡이냐며 수군거렸을 것이다. 오병이어의 기적이 있은 후였다. 기적을 행할 때는 그토록 인산인해를 이루던 사람들이 썰물처럼 빠져나간다.

정작 중요한 순간에는 떠나고 마는 사람들이 당시에도 많았다. 이들처럼 교회에 다녀도 본질에는 관심이 없고 현상에 붙들린 사람들이 지금도 적지 않다. 정작 중요한 본질은 바로 진리이고 이 진리이신 예수를 통해 구원에 이를 수 있는데 말이다. 광야의 만나는 훗날 진리의 떡으로 오실 예수 그리스도의 예표였다. '만나'(מָן)라는 의미는 '이것이 무엇이냐?'라는 뜻이다. 이렇게 내게 주시는 뜻이 무엇인지 항상 구하면서 하나님의 말씀을 섭취해야 한다.

예수가 제자들과 마지막 만찬에서 '떡과 잔'을 나누시는데 이는 예수의 몸과 피이다. 몸은 떡을 뜻하는바 예수를 통해 드러내신 진리이며 피는 그 진리 안에 담긴 진한 사랑을 의미한다. 이 사랑은 아가페의 희생적인 사랑으로 진리의 떡을 먹게 되면 그 안에 담겨진 진한 하나님의 사랑을 알게 되므로 천박한 자기 사랑을 내려놓게 되는 것이다. 그리스도의 사랑은 미움을 녹이고 두려움을 떨쳐버리게 하시기 때문이다. 우리에게 가르쳐 주신 주님의 기도도 일용할 양식, 즉 매일 매일 먹어야 하는 하늘의 만나를 구하라는 기도이다.

장대에 달린 놋뱀

예수는 출애굽 기간 중 장대에 달린 놋뱀에 빗대어 자신이 십자가에 달려 죽을 것을 미리 반복해서 알려주신다.(요 8:28;

> 에덴동산의 뱀은 죽이는 악한 지혜로 다가왔지만 예수는 사람을 살리는 생명의 지혜로 오신다.

12:32) 땅에서 들린다는 것은 십자가의 죽음을 의미한다. 가나안으로 가는 여정 가운데 백성들은 끊임없이 불평한다. 무엇보다 매일의 양식인 만나에 대해 원망을 한다. '하찮은 음식'(민 21:5)이라고 말이다. 하나님의 마음이 그 순간 어떠셨을까 생각하니 가슴이 아프다. 매일 거르지 않고 챙겨주시는 하늘의 양식인데 말이다. 이는 훗날 진리로 오신 주님의 예표이기도 하다. 하나님은 불뱀을 보내셔서 원망하는 자들을 징계하신다. 많은 사람이 죽자 살려달라고 울고불고 난리가 난다. 늘 당하고 나서야 깨닫는 것이 우리 모습이다. 이때 하나님께서 주신 치료 방법은 '놋뱀을 장대 위'(민 21:8)에 매다는 것이었다.

놋뱀은 예수 그리스도의 예표로 독이 빠진 죽은 뱀이자 악한 속성이 다 처리된 뱀이다. 우리와 같은 인성을 입으신 예수는 십자가 위에서 달리실 때 모든 인성을 완전히 승화시키신다. 마침내 놋뱀이 되신 것이다. 에덴동산의 뱀은 죽이는 악한 지혜로 다가왔지만 예수는 사람을 살리는 생명의 지혜로 오신다. 우리의 목적지도 바로 장대에 달린 놋뱀이 있는 곳이 돼야 한다. 어차피 우리는 뱀에서부터 출발한 자들이다. 사탄의 자식으로부터 말이다. 예수가 바리새인들을 '사탄의 자식'이라 질책하신 것만 보아도 우리의 속성을 능히 짐작할 수 있지 않은가?

제자들을 파송하시면서 언급하신 '뱀의 지혜'(마 10:16)는 바로 이러한 그리스도의 지혜를 말씀하신다. 물론 비둘기의 순결함도 그리스도의 거룩하심을 보여주신다.

영생의 물

예수는 사마리아 지방에서 우물물을 길러 온 여인이 건넨 물을 드시고 나서 '영생의 물'(요 4:14)에 대해 언급하신다. 이때 주시겠다는 영원한 생수는 진리의 생수되는 주님 자신을 가리킨다. 세상의 지식은 자기중심이며 육신 중심의 가르침이다. 이런 가르침을 따라 살아가는 나날은 힘겨움의 연속일 뿐이다. 우리 안의 갈증을 해소하는 근본 해결책이 될 수 없다. 물은 마셔도 곧 다시 목마르게 마련이다. 사막의 광야 같은 인생 여정이기에 더욱 그렇다.

예수는 더 나아가 배에서 터지는 '생수의 강'(요 7:38)에 대해 말한다. 강물은 산에서부터 시작하거나 샘에서부터 터져 나와야 하는 것이 아닌가? 이는 오순절에 임하신 성령으로 다시 오시리라 약속하신 성령에 대한 말씀이다. '내가 네 안에 네가 내 안에'라고 하시며 거듭 거듭 약속하신 보혜사, 즉 진리의 영을 솟아나게 하시겠다는 것이다. 이런 강물이 터지면 본질적인 갈증인 영적 목마름이 없어진다. 비록 삶의 환경은 풍요로워질지 몰라도 정작 채울 수 없는 영혼의 기갈은 더욱 심해지고 있지 않은가? 이런 근본적인 목마름을 해갈시켜 주시겠다는 약속이다.

예수는 요한복음 16장에서 기쁨에 대해 말하시며 그 기쁨은 세상의 기쁨과 달라 쉽게 빼앗기지 않는다고 하신다.(22절) 기쁨이 있는 삶보다 행복한 삶이 없지 않은가? 문제는 세상의 기쁨은 잠시뿐이라는 데 있다. 순간의 해갈은 될지언정 더한 갈증에 시달리는 삶이 연속된다. 주님은 순간적이며 가벼운 세상의 기쁨이 아닌 참 기쁨의 삶을 누리기 위해 성령을 구하라 하신다.(24절) 주님 자신을 구하는 것이 하나님의 나라와 의를 위한 본질적인 기도이다.

에스겔 47장에는 성전에서 흘러나오는 강물 이야기가 등장한다. 성전 문지방에서부터 물이 솟아 나온다. 성전의 실체이신 그리스도가 안에 오심으로 우리 안에서부터 솟구치는 생명의 물이다. 이처럼 우리도 생명으로 충만해질 수 있기를 구해야 한다. 발목만 담그는 것에 만족하지 말고 온몸을 담글 수 있는 그런 생수의 강물 말이다. 성전에서 흘러나오는 강물이 흘러 죽은 바다를 살려낸다. 진리의 물이 세상의 육신적인 가르침 속에서 족함이 없는 인생들을 살려내는 것이다. 영혼의 갈증과 허기 속에서 허덕이는 인생들을 살리고 자족의 능력을 지닌 복된 인생으로 만드신다. 마침내 생명수 강물이 흐르는 곳에 맛있는 과실이 맺어지는 에덴동산의 회복이 일어난다.

뿐만 아니라 예수는 반석에서 터진 물이다. 출애굽 시에 그 많은 백성들이 반석에서 쏟아져 나온 물을 마시고 살아났다. 사도 바울은 이렇게 기록하고 있다.

> 다 같은 신령한 음료를 마셨으니 이는 그들을 따르는 신령한 반석으로부터 마셨으매 그 반석은 곧 그리스도시라(고전 10:4)

영존하시는 아버지

예수는 '나와 아버지는 하나'(요 10:30)라고 하셨다. 아버지가 누구이신가? 창조주 하나님이시다. 여호와 하나님이고 이스라엘의 하나님이시다. 예수는 이런 아버지와 하나라고 하신다. 하나(εἷς, 헤이스)라는 뜻은 '오직'이라는 뜻으로 '유일한 하나'이다. 둘이 아니고 서로 다른 것이 없는 온전히 같은 하나를 의미한다. 아버지를 보여 달라는 빌립에게 예수는 '나를 본 자는 아버지를 보았다'(요 14:9)라고 말씀하신다. 이런 말들이 유대인들을 분노케 하였다. 하나님을 모독했다면서 말이다. 이들은 예수의 말씀을 이해하지 못하고 오해한 것이다. 하나님을 본 사람이 없잖은가? 왜냐하면 하나님은 말씀이시기 때문이다. 이를 확실히 깨달은 요한사도는 요한복음 서두에서 '말씀이 곧 하나님'(요 1:1)이라고 선포한다. 말씀이신 하나님은 아브라함에게 말씀으로 나타나셨으며 시내산의 모세에게도 그렇게 나타나셨다. 이런 말씀의 하나님이 사람의 몸을 입으신 것이다. 성령으로 잉태되셨다는 것은 바로 거룩한 씨인 말씀, 즉 하나님의 씨로 인해 잉태되셨다는 말이다. 안의 씨가 본질이니 예수의 본질은 하나님이시다.

이사야는 훗날 오실 메시아는 놀라우신 분이며 지혜가 뛰어난 전능한 하나님이라고 선포한다. 더 나아가 ‘영존하시는 아버지’(사 9:6)라고 말한다. 태초부터 계신 바로 그 하나님이라는 선포다. 창조주시며, 아브라함에게 나타나시고 모세를 만나주시고 다윗과 언약을 맺으셨던 그 하나님이라는 것이다. 예수 스스로도 말씀하셨다. ‘아브라함이 나기 전부터 자신이 있었다’(요 8:58)고 말이다. 이를 이해하지 못한 사람들이 돌로 치려고 한 것이다.

사도 바울은 골로새서에서 예수는 ‘보이지 않는 하나님이 인간의 형상으로 오신 분이며 창조주’(골 1:15~17)라고 선포한다. 사도 바울은 눈의 비늘이 벗겨지고 나서 이런 모든 것을 깨달았던 것이다. 아라비아에서 삼 년 동안 성령의 가르침을 받았음이 분명하다. 약속하신 진리의 영이 아니면 이 엄청난 섭리와 비밀을 어찌 알 수 있었으랴.

미디안 광야의 떨기나무 불꽃 가운데 나타나신 하나님께 모세가 이름을 묻자 ‘나는 스스로 있는 자’(출 3:14)라고 답하신다. 여기에 사용된 히브리어가 ‘에흐에 아쉐르 에흐에’(אֶהְיֶה אֲשֶׁר אֶהְיֶה)이다. 즉 ‘나는 나다’라는 의미다. 영어로도 ‘I am who I am’이다. 이렇게 말할 수 있는 분은 오직 하나님 한 분밖에 없다. 우리는 다 피조물이기에 스스로 존재하는 것이 아니라 창조주로 인해 존재하는 불완전한 존재이기 때문이다.

예수도 여러 번 이 말씀을 하신다. '에흐에 아쉐르 에흐에'(אֶהְיֶה אֲשֶׁר אֶהְיֶה)라고 말이다. 물론 헬라어로는 '에고 에이미'(ἐγώ εἰμι)이다. 미디안의 땅에서 모세에게 가르쳐준 그 이름이 바로 나의 이름이라는 말씀이다. 내가 바로 아버지와 하나인데 왜 자꾸 아버지를 보여 달라고 하느냐는 말씀이 우리의 굳어있는 마음 역시 찌른다.

> 그러므로 내가 너희에게 말하기를 너희가 너희 죄 가운데서 죽으리라 하였노라 너희가 만일 내가 그인 줄 믿지 아니하면 너희 죄 가운데서 죽으리라(요 8:24)

예수를 '내가 그'(에고 에이미), 즉 '나는 나다'(나는 스스로 있는 자다)이심으로 알지 못하면 죄 가운데서 구원받을 수 없다는 말씀이다.

> 예수께서 이르시되 진실로 진실로 너희에게 이르노니 아브라함이 나기 전부터 내가 있느니라 하시니(요 8:58)

예수는 아브라함이 나기 전부터 '내가 있느니라'(에고 에이미), 즉 '나는 나다'(나는 스스로 있는 자다)로 있었다고 말씀하신다.

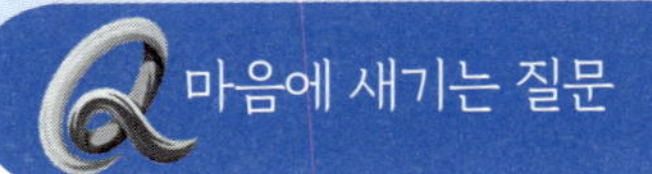

1. 하나님은 아담과 하와에게 가죽옷을 입히신다. 가죽옷에 담겨있는 하나님의 의도를 헤아려보자.

2. 성경에는 '씨'와 관련된 내용이 자주 등장한다. 그중에서 하나님께서 아브라함에게 약속하신 씨는 어떤 의미를 가지고 있는가?

3. 이스라엘 백성이 광야에서 먹었던 만나는 어떤 면에서 예수 그리스도의 예표라고 할 수 있는지 이야기해보자.

4. 십자가에 달리신 예수와 장대에 달린 놋뱀 사이에 어떤 공통점이 있는가? 그리고 우리에게 주는 교훈은 무엇인가?

천국 열쇠로 드러난 진리

지식의 열쇠

> 내가 천국 열쇠를 네게 주리니 네가 땅에서 무엇이든지 매면 하늘에서도 매일 것이요 네가 땅에서 무엇이든지 풀면 하늘에서도 풀리리라(마 16:19)

베드로의 신앙고백 후에 하신 예수의 천국 열쇠 이야기는 이해하기 어려운 말씀이다. 열쇠로 열고 들어가야 한다니 도대체 무슨 열쇠를 말하는 것일까? 우선 천국에 대해 좀 더 이해할 필요가 있다. 예수의 첫 일성이 바로 천국이었기 때문이다. 천국(天國)의 정확한 번역은 '하늘 왕국'이다. 여기에 언급된 나라(國)는 헬라어 βασιλεία(바실레이아)로 '왕국'(王國, kingdom)이라는 뜻이기 때문이다. 누가복음에서는 '하나님 나라'(왕국)로 표현되고 있다.

하나님의 나라는 이스라엘 백성들에겐 지대한 관심사였다. 당시 로마의 압제하에 있었기에 하나님이 다스리시는 강력하면서도 자유로운 나라를 소망했다. 그 나라는 다윗 왕이 다스리던 때와 같은 권세를 지닌 왕이 다스리는 나라다. 백성들은 다윗에게 약속하신 언약을 굳게 믿고 그런 나라가 속히 오게 해달라고 간절히 바란 것이다. 그런데 예수의 대답은 의외로 실망스러웠다.

저들이 소망하는 나라와는 전혀 다른 나라를 말씀하셨던 것이다. 즉 밖이 아닌 '마음 안에서 이루어지는 나라'(눅 17:21)를 가르치셨기 때문이다. 이는 왕이신 그리스도가 안에 임하셔서 다스리시는 왕국이다.

하나님의 나라는 경제적으로 번영을 누리거나 강력한 군사력을 가진 나라가 아닌 의와 평강과 희락의 나라다.(롬 14:17) 이는 볼 수 있거나 손으로 만질 수 있는 나라가 아니라 마음 안에서 이루어지는 나라다. 그래서 '성령 안에서'라고 말씀한 것이다. 예수는 영원한 나라는 밖의 보이는 나라가 아니고 안에 임하는 나라인 것을 아셨기 때문이다. 이처럼 예수가 선포하신 '천국 복음'(마 4:23)이란 우리 마음 안에 영원한 나라를 이루어 주시겠다는 기쁨의 소식이었다. 그렇다면 앞서 말씀하신 천국열쇠는 무엇일까?

> 화 있을진저 너희 율법교사여 너희가 지식의 열쇠를 가져가서 너희도 들어가지 않고 또 들어가고자 하는 자도 막았느니라 하시니라(눅 11:52)

천국 열쇠는 지식의 열쇠를 말한다. 여기서 지식은 헬라어로 γνῶσις(그노시스)이고 히브리어로는 יָדַע(야다)인데 이는 부부가 관계를 갖듯이 친밀하게 아는 것을 의미한다. 이 열쇠가 필요한 이유는 사람들이 말씀을 제대로 알지 못하기 때문이었다. 진리를 주셨는데 사람들의 완악함으로 인해 보이는 글자에 얽매여 종교 행위로 치우치고 말았다는 엄한 책망이다. 하나님의 나라는 진리로 가야 하는 곳인데 이 길이 막혀버리고 만 것이다. 마침내 이 열쇠를 예수가 가지고 오셨다.

잃어버린 천국

에덴동산에서 쫓겨나면서 천국을 잃어버리고 말았다. 생명나무이신 그리스도로부터 공급되는 것으로 살아가는 자들이 그 복된 자리를 스스로 걷어차고 나간 것이다. 불순종으로 인해 그 동산을 잃어버린 것이다.

> 여호와 하나님이 에덴동산에서 그를 내보내어 그의 근원이 된 땅을 갈게 하시니라(창 3:23)

> **생명나무이신 그리스도로부터 공급되는 것으로 살아가는 자들이 그 복된 자리를 스스로 걷어차고 나간 것이다.**

이것은 단지 농사짓는 것을 주업으로 삼으라는 말씀이 아니다. 사람의 근원이 되는 마음을 농사짓듯이 경작하라는 뜻이다. 그 사람의 마음 됨됨이가 그 사람이 어떠함을 나타내기 때문이다. 사람들 마음속 에덴동산이 황폐화된 것이다. 예수가 오셔서 말씀하신 네 종류의 밭의 비유는 바로 우리 안에 있는 에덴의 이야기를 하신 것이다. 마음을 옥토로 만들라고 말이다.

'집안 식구가 원수'(마 10:34~36)라는 말씀은 어떻게 받아들여야 하는가? 더 나아가 이들과 검으로 싸우라 하신다. 문자 그대로 받아들인다면 교회 올 사람이 있을까 싶다. 그러나 예수는 보다 본질적인 말씀을 하고 계신다. 몸이 거하는 집 이야기가 아니고 그리스도가 오셔서 거하는 마음의 집을 일컫는다. 주님이 오시려 하지만 악한 원수들이 먼저 자리 잡고 있는 것이다. 마치 오래된 식구처럼 살아가는 자들을 원수들이라고 말한 것이다. 성경에서 언급하는 원수는 오직 사탄과 그의 졸개들인 귀신들이다. 사람은 원수 삼을 대상이 아니라 긍휼히 여기고 용서할 대상임을 잊어서는 안 된다. 예수는 이렇게 원수들에게 빼앗긴 마음 땅을 찾아주러 오셨다. 에덴동산을 회복시켜 사탄의 왕국을 하나님의 왕국으로 바꾸어 주시려고 오신 것이다.

세례 요한의 때부터 지금까지 천국은 침노를 당하나니 침노하는 자는 빼앗느니라(마 11:12)

예수가 가시는 곳마다 사탄의 왕국이 무너졌다.

그러나 내가 하나님의 성령을 힘입어 귀신을 쫓아내는 것이면 하나님의 나라가 이미 너희에게 임하였느니라(마 12:28)

'일곱 귀신'(마 12:44)에 대해서도 살펴보자. 이는 가나안 땅에 일곱 족속이 살고 있었듯이 우리 안에 들어와 사는 다양한 속성의 악한 영들이다. 이들은 우리가 평생 싸워야 할 원수들이다. 기필코 사탄에게 빼앗긴 에덴동산을 찾아와야 한다. 우리에게 주신 자유의지를 남용한 결과 빼앗긴 에덴이다. 천국을 이루고 살아가는 것보다 더 큰 복이 없는데 많은 사람들이 영적인 눈이 감겨 보지 못하고 있다. 사탄의 '보이는 것이 전부'라는 속삭임에 넘어가고 말았다. 예수가 산상설교에서 '심령이 가난한 자에게 임하는 복'(마 5:3)이 바로 주님과 함께하는 지고지선(至高至善)의 복이고 에덴의 왕국이 회복되는 복이다. 이복은 거저 주어지는 것이 아니다. 사모하고 구하는 자들이 이 복된 천국을 받을 수 있다. 이것이 바로 천국열쇠가 필요한 이유이다.

천국의 회복

그렇다면 천국을 회복하는 열쇠가 무엇이며 이 열쇠는 어디서 찾을 수 있는 걸까? 마태복음 13장 '천국 비유' 속에서 찾아보자.

첫째, '땅은 마음'이라는 열쇠다. 에덴동산에서 쫓겨난 후 하나님은 '땅을 갈라'(창 3:23)고 하시는데 이는 단순히 농부가 되라하신 걸까? 당시 수렵이나 열매 채취로 충분히 살아갈 수 있지 않았을까? 이 말씀은 마음의 땅을 갈라는 뜻이다. 사람의 타락은 마음의 타락이기 때문이다. 하나님은 사람들의 불순종으로 인한 아픔의 순간에도 저주가 아닌 사랑의 교훈을 주신다. 타락한 마음은 길가 밭이나 돌짝 밭 같아서 씨앗을 심어도 열매를 맺을 수 없는 황무지 땅이다. 이를 아시는 하나님은 땅에서 '가시와 엉겅퀴'가 자랄 것을 말씀하신다.

육신도 음식을 먹어야 힘을 얻는다. 그러나 더욱 중요한 것은 마음속의 행복감이다. 이렇게 사람은 마음 땅에서 나는 행복감의 열매를 먹고 살아가는 존재임을 말씀하신다. 그런데 땅이 문제다. '흙으로 돌아가야 한다'에서 흙은 אֲדָמָה(아다마)로 씨를 뿌릴 수 있는 '고운 흙' 또는 '붉은 흙'을 의미한다. 첫 사람 아담은 이것으로 만들어진 존재였다. 옥토였던 마음이 굳은 땅과 같이 되고 말았다. 죄로 인한 타락때문이다. 사탄의 강력한 독이 마음 땅을 황폐화시킨 것이다. 옥토가 되라는 것은 씨앗을 받아들이고 뿌리내려 마침내 열매 맺을 수 있는 고운 마음이 되라는 말이다. 이렇게 되기 위해서는 수고하고 애써서 얼굴에 땀을 흘려야 한다는 것이다. 이것이 신앙의 여정이며 겟세마네 동산에서 이마의 땀방울이 핏방울 되기까지 기도하신 예수의 여정이다. 곧 십자가의 길이다.

호세아서에도 '묵은 땅을 기경하라'(호 10:12)는 말씀을 볼 수 있다. 곧 굳은 마음이다. 비가 올 때 땅이 부드러워지는 것처럼 공의의 말씀으로 마음을 기경하라는 당부다. 에스겔서에서도 '돌 같은 마음을 제거하라'(겔 11:19)는 말씀을 볼 수 있다. 이는 자기 생각으로 단단해진 마음으로 결국 돌짝밭의 마음이다.

예수가 가르쳐 주신 기도도 마음 땅이 부드러워져서 마침내 열매를 맺을 수 있는 사람이 되라는 것이다. 이것이 상실한 에덴을 회복하는 길이다.

나라가 임하시오며 뜻이 하늘에서 이루어진 것 같이 땅에서도 이루어지이다(마 6:10)

둘째 열쇠는 '천국 말씀이라는 씨앗'이다. 즉 우리 안에 천국을 이루기 위해서는 천국을 이루는 씨가 뿌려지고 천국의 열매들이 맺혀야 한다. 진리의 씨로 오신 분이 예수 그리스도다. 아브라함에게 약속하신 씨도 바로 이런 진리의 씨다.(창 22:17~18)

또한 복은 영생의 복이다. 그리스도가 우리 안에 오셔서 이루어주시는 복이다. 오직 그리스도만이 영원한 생명이기 때문이다. 우리는 단지 안개와 같이 잠깐 있다가 없어지는 목숨일 뿐이다. 우리 안에 오신 그리스도는 왕의 권세로 사탄과 그의 졸개들을 몰아내신다. 골고다에서 승리하신 전쟁에 능한 주님이기 때문이다. 사망이 물러간 땅에서 행복이 시작된다. 그동안 애굽의 바로 밑에서 종노릇하던 이스라엘 백성들이 애굽에서 나오듯이 말이다. 죄의 종에서 자유인이 되는 기쁨이 얼마나 크겠는가?

셋째 열쇠는 '마음에서 맺어지는 열매'다. 통상 열매라고 하면 대부분의 사람들이 보이는 과실이나 손으로 만질 수 있는 외형적인 열매를 생각한다. 무엇보다 물질을 열매라고 여기는 경우가 많다. 그러나 하나님이 원하시는 열매는 밖이 아닌 마음 땅에서 맺어지는 것이다. 그 열매를 훗날 심판의 근거로 삼겠다고 하신다. 사람들을 나무로 비유하면서 나무의 열매가 좋아야 하듯이 사람도 좋은 열매를 맺어야 한다.(마 12:33) 과실나무는 열매로 평가받기 때문이다. 사람도 그 열매로 됨됨이를 평가받게 마련이다. 사람의 열매는 무엇보다 말이다. 왜냐하면 사람의 근본은 그 생각과 마음인데 이것들이 밖으로 표출되는 통로가 바로 말이기 때문이다. 주님은 이 말을 바꿔주러 오신 분이다. 사망의 말에서 생명의 말로, 염려와 불평의 말에서 감사와 찬양의 말로, 가시나무와 같이 다른 사람을 찔러대는 말에서 온유와 사랑의 언어로 바꾸신다.

성경은 사랑의 열매로부터 시작해 다양한 성령의 열매에 대하여 말하고 있다.(갈 5:22~23) 훗날 우리가 떠날 때 손에 쥐고 있던 이 땅의 열매는 다 두고 가지만 마음속에 맺은 열매는 가지고 간다. 열매야말로 주님께 올려드릴 수 있는 유일한 것으로 신자의 신앙 수준을 평가하는 척도가 된다.

넷째는 '하늘, 하나님이 씨를 뿌려주시는 곳'이라는 열쇠다.

허물로 죽은 우리를 그리스도와 함께 살리셨고 (너희는 은혜로 구원을 받은 것이라) 또 함께 일으키사 그리스도 예수 안에서 함께 하늘에 앉히시니(엡 2:5~6)

여기서 죽었던 자는 영이 죽었던 자를 의미한다. 비록 몸의 기능은 왕성할지라도 생명이신 그리스도가 계시지 않으면 산 자가 아닌 죽은 자이다. 그러나 이제는 생명이신 그리스도가 임재하면서 살아난 자들이 되었다. 이런 자들을 하늘에 앉혀진 자라고 하신다. 눈에 보이는 하늘을 가리키는 것이 아니다. 하늘은 하나님이 계신 곳으로 내 안에 오신 하나님인 그리스도가 계신 곳이 곧 하늘이다. 우리 생각 속에 보좌를 정하신 그리스도시다. 우리의 생각이 어떠하냐에 따라 마음이 결정되고 형성된 의지가 삶을 이루어가게 마련이다. 종에서 자유자가 되어 그리스도와 같이 하늘에 앉은 자가 되었다는 놀라운 선포이다.

그러나 잊지 말아야 할 것이 있으니 하늘에는 하나님의 보좌만이 아니라 사탄의 보좌도 있다는 사실이다. 사탄에 의해 통치받던 자를 산 자라 할 수 없지 않은가. 왜냐하면 사망이 다스리는 자이기 때문이다. 또한 하나님의 보좌가 자리 잡고 있어도 깨어있지 않으면 사탄이 가라지, 즉 세상의 비진리를 계속 뿌려댄다. 이런 상황에서는 결코 좋은 열매를 거둘 수 없다.

드러난 하나님 나라

이러한 천국열쇠로 어느 문을 열 수 있을까?

이는 선지자를 통하여 말씀하신바 내가 입을 열어 비유로 말하고

창세부터 감추인 것들을 드러내리라 함을 이루려 하심이라 (마 13:35)

'창세부터'라면 어디를 말하는 것일까? 그렇다. 성경의 첫번째 책인 창세기부터 열 수 있는 키(key)란 말씀이다. 성경의 처음부터 수건에 덮여있기 때문이다.

태초에 하나님이 천지를 창조하시니라(창 1:1)

창세기 1장의 하늘과 땅의 기록으로 '태초에'로 번역된 히브리어는 בְּרֵאשִׁית(베레쉬트)로 '처음 안에'라는 의미다. 그래서 영어 성경은 'in the beginning'으로 번역하고 있다. 히브리어 בּ(벳)은 전치사로 '…안에(in)'라는 뜻이다. 즉 천지를 만드는 일은 안에서 일어나는 것임을 말한다. 밖의 보이는 하늘과 땅을 통해 보이지 않는 영혼의 창조에 대해 이야기하고 있다.

왜 이러한 창조가 필요할까? 죄로 인해 사람들의 영혼이 망가졌기 때문이다. 하나님의 형상을 잃어버리고 영적인 죽음에 이른 자들이 되었다. 하나님은 사람들이 성경 말씀 속에서 하나님의 뜻을 깨닫고 죽음에서 살아나기를 원하신다. 하나님의 관심은 오직 사람뿐이다. 이미 완벽하게 창조하신 우주, 그 안에서도 최적의 조건으로 만들어 놓으신 지구에서 행복하게 살게 하고 싶으신 것이다. 모세를 통해 성경을 기록하게 하실 때에는 이미 죄지은 인간들이 지구 곳곳에 편만(遍滿)하게 살고 있었다. 하늘과 땅의 창조 과정에 빗대어 구원에 이르는 여정을 전하셨다. 죄로 인해 타락한 인간들을 구원해 새사람으로 만들어 가겠다는 하나님의 섭리를 성경의 처음 부분에 담아 놓으셨다.

천지(天地), 인간 안에 있는 하늘과 땅에 대한 부분을 살펴 보자. 타락한 인간 안에 있는 하늘에는 공중권세 잡은 자인 마귀가 보좌를 정하고 있다. 예수는 이런 상황에 있는 사람들을 죽은 자라 하신다. 영이 죽었기 때문이다. 산 자는 오직 생명이신 그리스도가 함께하는 자다. 그런데 땅, 곧 죄인들의 마음 상태를 보니 황폐한 것이다. 길가 밭, 돌짝 밭, 가시덤불 밭의 모습이 바로 타락한 인간의 마음 상태를 잘 보여준다.

> 땅이 혼돈하고 공허하며 흑암이 깊음 위에 있고 하나님의 영은 수면 위에 운행하시니라(창 1:2)

이렇게 사람들의 마음 상태가 혼돈하고 공허하며 어둠이 짙게 깔려 있다. 아무리 삶의 여건이 좋아진들 이들의 족함 없는 욕심 가득한 마음의 허기는 더해갈 뿐이다. 삶의 목표를 잃어버리고 흑암이 깊은 곳에서 살아가는 자들이 된 것이다. 바로 이

인간들을 구원해 새사람으로 만들어 가겠다는 하나님의 섭리를 성경의 처음 부분에 담아 놓으셨다.

순간 이들에게 하나님의 영이 찾아오신다. 창조주가 피조물을 찾아오시는 것이다. 기독교가 다른 종교와 다른 것이 바로 이런 점이다. 타 종교는 사람들이 신을 찾아가나 기독교는 창조주이신 하나님이 인간을 찾아오신다.

죄인들에게 찾아오시는 하나님을 첫째 날의 빛으로 기록하고 있다. 이는 요한복음 서두에 나오는 빛이신 그리스도이시다. 진리의 빛으로 오신 그리스도는 어둠, 육신으로 살던 옛 속성을 몰아내신다.

둘째 날에는 윗물과 아랫물이 나뉜다. 이는 깨끗한 진리의 윗물과 세상의 비진리인 아랫물을 의미한다. '물이 바다 덮음같이' 라는 찬양의 가사가 바로 이 의미다.

셋째 날에는 아랫물인 바닷물이 물러가고 땅이 드러난다. 마침내 진리의 씨를 받아들이는 옥토가 만들어진다. 씨를 가진 풀과 나무가 열매를 맺을 수 있게 된 것이다.

넷째 날에는 두 광명체와 별들이 등장한다. 큰 광명은 낮을 주관하고 작은 광명이 밤을 주관한다. 이제는 밖에서 비추어주는 빛이 아닌 우리 안에 오신 그리스도가 비추어주시는 광명체로 늘 함께하신다. 이런 사람의 마음속 하늘에는 총명의 별들이 떠서 지혜로운 자가 되게 하신다.

다섯째 날에는 하늘에 새들이 날아다닌다. 장성한 자가 되어 독수리같이 날개를 펴고 하늘을 나는 것이다. 비록 땅에서 살지만 하늘의 시민권을 지닌 자다.

여섯째 날은 죄인이 하나님의 형상으로 회복하는 날이다. 이전까지는 죄로 인해 육신에 붙들린 짐승의 형상이었다. 하나님의 피조물이 배로 기어 다니는 뱀의 형상, 사탄의 형상이 된 것이다. 주된 관심사가 무엇을 먹을까 무엇을 마실까 입을까였던 자다. 그러나 첫날을 시작으로 여섯째 날을 거치며 점점 새사람이 되어 간다. 하나님의 형상인 그리스도를 닮은 자가 된다.

> 나의 자녀들아 너희 속에 그리스도의 형상을 이루기까지 다시 너희를 위하여 해산하는 수고를 하노니(갈 4:19)

마침내 마지막 일곱째 날이 되면 형상이 회복된 자들 안에 하나님이 오셔서 안식하신다. 마침내 우리 안에 하나님의 집이 다 완성된 것이다.

> 그리스도는 하나님의 집을 맡은 아들로서 그와 같이 하셨으니 우리가 소망의 확신과 자랑을 끝까지 굳게 잡고 있으면 우리는 그의 집이라(히 3:6)

첫째 날부터 시작하여 마침내 일곱 날의 거룩한 여정을 다 마친 것이다. 이 여정이 우리가 이 땅 위에서 이루어야 할 구원의 순례길로 주님이 앞서가신 십자가의 길이다. 이사야 65장의 새 하늘과 새 땅이 바로 그것이다.

보라 내가 새 하늘과 새 땅을 창조하나니 이전 것은 기억되거나 마음에 생각나지 아니할 것이라(사 65:17)

만약 이 말씀대로 새로운 지구를 만드신다면 아무리 좋은 곳이라도 이전 것이 생각나지 않을까? 이전에 살던 고향 마을과 사람들이 말이다. 이는 단지 밖으로 보이는 세계에 대한 말씀이 아니다. 아무리 새로운 지구를 만들더라도 사람이 바뀌지 않으면 곧 망가트리고 말 것이다. 아름다운 자연을 만드신 창조주도 모르고 감사도 모른다면 무슨 소용이 있을까? 이를 아시는 하나님은 근본적인 창조를 하신다. 그 대상은 바로 사람이다. 새사람이 되고 나면 옛사람이 더는 그리워질 이유가 없다. 자기가 중심이 되어 살던 옛사람은 욕심에 잡혀 늘 만족함이 없었던 곤고한 인생이었으니 말이다.

그런즉 누구든지 그리스도 안에 있으면 새로운 피조물이라 이전 것은 지나갔으니 보라 새 것이 되었도다(고후 5:17)

새사람이 되고 나니 얼마나 좋은지 보여주는 사도 바울의 탄성이 들린다. 사탄의 종노릇하던 곳에서 벗어난 자유인의 기쁨, 종노릇하던 애굽에서 탈출하여 자유인이 된 기쁨이다. 베드로도 새 하늘과 새 땅에 대해 기록하고 있다.

그러나 주의 날이 도둑같이 오리니 그 날에는 하늘이 큰 소리로 떠나가고 물질이 뜨거운 불에 풀어지고 땅과 그 중에 있는 모든 일이 드러나리로다(벧후 3:10)

자칫 이 말씀도 새로운 지구를 만드신다는 건가 하고 생각하기 쉽다. 하늘이 떠나가고 물질이 뜨거운 불에 풀어진다고 하니 지구가 타는 모습이 연상되기 때문이다. 이 문장을 바르게 이해하기 위해선 '물질'이라는 단어를 제대로 알아야 한다. 여기서 물질로 번역된 헬라어는 στοιχεῖον(스토이케이온)으로 이는 '기본적인 성분이나 원리'라는 뜻이다. 이 단어는 서신서에서 일곱 번 사용되었는데 이중 두 번이 이곳 베드로후서 3장에 등장한다. 둘 다 '물질'(개역 성경은 '체질')로 번역해서 지구를 구성하는 원소로 이해하기 쉽다. 그러나 나머지 다섯 곳에서는 이와는 다른 '초등학문' 또는 '초보'로 번역을 하였다.

이와 같이 우리도 어렸을 때에 이 세상의 초등학문 아래에 있어서 종노릇 하였더니(갈 4:3)

이제는 너희가 하나님을 알 뿐 아니라 더욱이 하나님이 아신 바 되었거늘 어찌하여 다시 약하고 천박한 초등학문으로 돌아가서 다시 그들에게 종노릇 하려 하느냐(갈 4:9)

누가 철학과 헛된 속임수로 너희를 사로잡을까 주의하라 이것은 사람의 전통과 세상의 초등학문을 따름이요 그리스도를 따름이 아니니라(골 2:8)

너희가 세상의 초등학문에서 그리스도와 함께 죽었거든 어찌하여 세상에 사는 것과 같이 규례에 순종하느냐(골 2:20)

여기서 '초등학문'이라고 번역된 단어가 바로 στοιχεῖον((스토이케이온)이며 히브리서의 '초보' 역시 같은 단어로 초등학문을 뜻한다. 이렇듯이 '초등학문'은 공히 모세를 통해 주신 율법을 일컫는다. 이제는 예수 그리스도께서 율법에 덮인 수건을 벗겨 주셨으니 장성한 자의 단계인 진리로 나가라는 의도가 담긴 표현이다. 때가 되어 진리를 드러내어 신자를 장성한 자로 만들고 싶은데 계속 초등학문에 머물러 있으니 하나님께서 얼마나 답답하실까? 이런 의미가 바로 στοιχεῖον((스토이케이온)이다.

이렇게 '물질'로 번역된 것을 '초등학문'으로 바르게 이해하고 나면 말씀의 뜻이 온전하게 이해된다. 우주 행성들에 관한 이야기가 아닌 우리 안에 이루어지는 새 하늘과 새 땅을 말씀하고 있음을 말이다. 빛 되신 그리스도가 우리 안에 오시면 그 때까지 사람들의 눈을 가리고 왕 노릇하던 어둠의 영이 떠나가고 도덕과 윤리, 종교행위 수준에 머물렀던 초등학문이 진리의 영에 의해 풀어지게 되는 것이다. 이때 드러난 진리는 더욱 강렬한 빛으로 우리 안의 어둠을 비추고, 그동안 그럴듯한 종교인으로 포장하며 살던 옛 모습들도 백일하에 밝혀지게 된다.

하나님의 날은 옛 하늘이 떠나가는 날로 공중의 권세 잡은 자인 사탄이 견디지 못하고 도망가는 날이다. 이제는 더는 초등학문으로 붙들어 놓을 수 없음을 안 것이다. 하나님은 창세기 처음부터 새 하늘과 새 땅을 만들겠다는 이 약속을 반복하신다.(벧후 3:13) 곧 사람을 새롭게 창조하시겠다는 것으로 이것이 바로 거듭남의 여정이다. 성경은 이 구원의 여정에 대해 지속적으로 기록하고 있는 책이다. 죽은 자를 살아나게 하는 것보다 더 중요하고 가치 있는 일이 있겠는가?

마지막으로 요한계시록의 새 하늘과 새 땅에 대한 부분을 보자.

> 또 내가 새 하늘과 새 땅을 보니 처음 하늘과 처음 땅이 없어졌고 바다도 다시 있지 않더라(계 21:1)

단지 글자대로 지금 살고 있는 지구를 떠난 후에 갈 우주 저편의 천국을 말씀하시는 것일까? 이는 우리 안에 이루어질 하늘과 땅을 말하는 것이다. 마침내 창세기부터 시작한 하늘과 땅 이야기가 종착역에 도달한 것이다. 내 안의 오신 그리스도가

하나님의 날은 옛 하늘이 떠나가는 날로 공중의 권세 잡은 자인 사탄이 견디지 못하고 도망가는 날이다.

계신 곳이 하늘로, 그분이 우리 생각 안에 보좌를 정하신다. 약속하신 '내가 네 안에 네가 내 안에'의 언약이 드디어 이루어지고 새로운 피조물로 거듭난 인생이 되었다. 죽은 자에서 산자로 바뀌고 사탄의 종노릇하던 자가 그리스도와 함께 하늘에 앉는 자가 된 것이다.

새 땅에는 바다가 없다고 하는데 바다가 없는 지구를 한번 생각해보자. 우리의 삶과 풍경은 얼마나 허전할 것인가? 하나님은 이 땅에서 누릴 수 있는 좋고 아름다운 것들을 훗날 갈 영원한 천국에도 다 설비하실 뿐 아니라 더 풍성하게 준비해놓고 계실 것이다. 여기서 언급하는 바다는 세상을 의미한다. 끊임없는 욕심으로 인해 염려와 근심의 풍랑이 잠잠해질 때가 없지 않은가? 갈릴리 바다 위의 예수가 '파도야 잔잔할지어다' 하시며 풍랑을 잠재우신다. 이렇게 그리스도가 우리의 왕이 되시면 마음의 바다에 요동치는 파도가 잔잔해진다. 염려와 두려움의 파도가 사라진 고요한 바다가 된다. 그리스도 안에서 새롭게 거듭난 사람에게는 이런 풍랑이는 바다가 더는 없다는 말씀이다.

보좌에 앉으신 이가 이르시되 보라 내가 만물을 새롭게 하노라 하시고 또 이르시되 이 말은 신실하고 참되니 기록하라 하시고 또 내게 말씀하시되 이루었도다 나는 알파와 오메가요 처음과 마지막이라 내가 생명수 샘물을 목마른 자에게 값없이 주리니 이기는 자는 이것들을 상속으로 받으리라 나는 그의 하나님이 되고 그는 내

아들이 되리라(계 21:5~7)

보좌에 앉으신 그리스도가 만물을 새롭게 하시겠다고 선포하신다. 여기서 만물은 헬라어 πας(파스)로 '모든(all, every)'이란 뜻이다. 즉 우리의 영·혼·육 모든 것을 새롭게 하겠다는 의미다. 영혼이 잘됨같이 범사에 잘되고 강건하게 하시겠다는 약속으로 안과 밖으로 복을 누리는 자들이 된다. 알파(A)와 오메가(Ω)는 헬라어 알파벳의 처음과 마지막 글자로 이는 시작했으면 반드시 끝장을 보시겠다는 말이다. 하나님은 약속을 이루시는 분이시다. 창세기에서 선포한 약속을 성경의 마지막에서 이루어내시는 신실하신 하나님이기에 우리가 믿고 의지하며 영원히 모실 수 있는 것이다. 성경의 마지막인 계시록 22장은 새 하늘과 새 땅이 된 자들이 누릴 놀라운 복에 대한 약속으로 끝이 난다. 마침내 잃어버린 에덴동산이 회복되고 생명수 강가의 생명나무에서 열두 가지 과실이 철을 따라 열리는 복된 삶을 누리게 된다. 이보다 더한 행복이 있을까?

주님이 가르쳐주신 기도가 바로 이러한 '새 하늘과 새 땅', 즉 새사람을 이루기 위한 기도다.

나라가 임하시오며 뜻이 하늘에서 이루어진 것 같이 땅에서도 이루어지이다(마 6:10)

여기서 나라는 βασιλεία(바실레이아)로 왕국(kingdom)이란 뜻이다. 이는 우리 안에 이루어지는 하나님의 왕국으로 왕이신 그리스도가 다스리시는 나라다. 우리의 왕은 단지 우리를 종으로 부리며 군림하는 왕이 아니라 우리를 왕처럼 대우하시고 한 상에서 먹고 마시는 섬김의 왕이다. 이런 왕국이 든든히 서가도록 기도하라는 것이다. 하늘에서 이루어진 뜻은 우리로 새사람이 되라는 당부다. 즉 새 하늘과 새 땅이 되라는 말이다. 이제 우리 안에 당신께서 보좌를 정하시고 새 하늘을 펼쳐 주셨으니 그 뜻들이 생각에만 머물지 않고 마음의 땅에서 실제가 되는 기도를 해야 한다. 전에는 단단한 땅이었으나 이제는 부드러운 땅이 되게 해달라고 간구하자. 땅이 좋아야 열매가 맺어질 수 있기 때문이다. 이어서 '일용할 양식'(마 6:11)은 단지 육신의 먹거리가 아닌 하늘의 뜻이 땅에 이루어지기 위한 영혼의 양식을 구하는 기도이다. 하늘에서 비를 내려주어야 단단한 길가밭의 땅이 부드럽게 되듯이 영혼의 만나를 내려주어 마음 땅에 좋은 열매가 열리기를 구하는 기도다. 음식을 먹어야 육체도 힘을 얻듯이 영혼의 양식은 우리의 마음 땅에 생명을 충만하게 하기 때문이다.

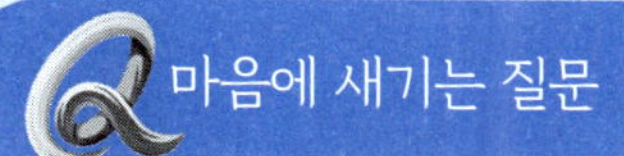

1. 예수가 마태복음 16장에서 말씀하신 천국 열쇠는 무엇을 가리키는 것인가?

2. 예수가 전한 천국 복음에 대해서 구체적으로 이야기해보자.

3. 마태복음 13장에서 발견한 천국의 열쇠 5가지는 무엇인지 정리해보자.

4. 계시록 21장 1절, '바다가 다시 있지 않더라'는 구체적으로 무슨 뜻인가?

비유 속에 감춰진 10가지 진리

예수께서 이 모든 것을 무리에게 비유로 말씀하시고 비유가 아니면 아무 것도 말씀하지 아니하셨으니(마 13:34)

마태는 예수가 비유가 아니면 아무것도 말씀하지 않으셨다고 강조하고 있다. 보이지 않는 하나님 나라를 땅의 사람들에게 가르치기가 얼마나 어려우셨을까 싶다. 이해력이 부족한 어린아이들에게 보이지 않는 믿음과 소망, 사랑을 설명하는 것과 같다. 그래서 우리에게 익숙한 것을 사용해 하늘의 내용을 전하는 비유라는 방식을 택하신 것이다. 땅의 역사와 사건, 땅의 문화와 자연을 통해 설명하는 방식이다. 이를 위해 선택된 민족이 이스라엘 백성들이고 팔레스타인이라는 무대이다. 주변 나라로 초승달 지역에 위치한 애굽과 바벨론이 있다. 그러니 성경을 이해하기 위해서는 이스라엘의 역사와 문화 지형에 대해 알아야 한다.

그러나 이러한 배경과 역사를 모두 알더라고 그 안에 담긴 본질적인 뜻을 모르면 안 된다. 그런데 이 뜻을 알기가 쉽지 않다. 늘 우리의 시각으로 이해하려고 하기 때문이다. 우리는 세상의 가르침 아래서 육신 중심으로 판단한다. 결국 안에 있는 본질을 보지 못하게 되면서 오랫동안 본질적인 뜻들이 덮여있었다. 이런 탓에 성경을 단지 인본주의적인 도덕이나 종교의식의 규례로 사용하고 말았다. 마침내 때가 되어 오신 예수가 그 수건을 하나 둘씩 벗겨주신 것이다. 훗날 제자들, 특히 사도 바울을 통해 많은 수건을 벗기신다.

보이는 현상에 빗대어 더 본질적이고 중요한 영혼에 대해 말씀하고 있음을 잊어선 안 된다.

보이는 나라가 아닌 우리 마음 안에 이루어지는 하나님의 나라에 대해 설명하려면 어떻게 해야할까? 예수는 밖의 보이는 것을 가지고 설명하는 비유라는 방식을 자주 사용하셨다. 비유(比喩)는 헬라어 παραβολη(파라볼레)로 '곁에 둠'이라는 뜻이다. 즉 어떤 것에 대해 설명하기가 쉽지 않을 때 그와 유사한 것으로 설명하는 방식이다. 보이는 현상보다 더 본질적이고 중요한 것에 대해 말씀하고 계심을 잊어서는 안 된다. 자칫 우리 역시 맹인이 되어 길을 잃어버릴 수 있기 때문이다. 예수는 수건에 덮여 있던 구약의 말씀들도 하나 둘 그 뜻을 드러내신다.

> 이는 선지자를 통하여 말씀하신바 내가 입을 열어 비유로 말하고 창세부터 감추인 것들을 드러내리라 함을 이루려 하심이라
> (마 13:35)

이 말씀은 시편(시 78:1~2)에 나오는 말씀을 인용한 것으로 예수는 이 말씀을 응하게 하려고 오신 것이다. 그런데도 듣지 않는 자들이 얼마나 많았는가? 오히려 진리를 드러내자 저들에게 배

척당하신다. 여기에서 사용된 비유라는 단어는 חִידָה(히다)로 '수수께끼'라는 뜻이다. 즉 성경은 수수께끼 같은 말씀이다. 하늘의 비밀을 수수께끼처럼 말씀하시니 이해하기 쉽지 않았다. 이 수수께끼를 풀어주시려고 오신 분이 예수다.

솔로몬을 통해 주신 잠언도 비유의 말씀이다. '잠언(箴言)'으로 번역한 히브리어는 מָשָׁל(마샬)로 '속담, 비유'라는 의미다. 자칫 우리는 잠언을 사람 간의 도덕이나 윤리 지침서 정도로 생각할 수 있다. 그러나 실상은 하늘 차원의 진리를 말하고 있는 것이다. 도덕과 윤리를 뛰어넘어 하나님 나라의 백성으로 살아가야 하는 진리에 대한 내용이다. 예를 들어 잠언 31장에 나오는 '현숙한 여인'(잠 31:10~12)은 단지 여성들만을 위한 말씀이 아니고 교회에게 하시는 말씀이다. 교회는 여자를 뜻하기 때문이다.

머리

'머리 둘 곳이 없다'(마 8:20)고 하신 말씀을 어떻게 생각해야 할까? 단지 거처할 집이 없다고 하는 한숨 소리로 들리는가? 아무리 우리와 같은 몸을 지니고 시공간(時空間)의 한계 속으로 오셨지만 신격(神格)에 맞지 않는다는 생각을 해본 적은 없는가? 사도 바울은 '교회의 머리가 그리스도'라고 기록한다.(엡 4:15) 교회는 단지 건물이 아닌 성도들인 우리 자신이다. 즉 교회인 우리의 머리가 그리스도라는 의미는 우리가 그리스도의 말씀을 따라 살아가는 자들이라는 뜻이다. 몸은 머리의 생각을 따라 행동하게 되어있기 때문이다. 이제 새사람이 되었으면 내 생각으로 가득 찬 머리를 그리스도의 머리로 바꿔야 하는데 그대로 달고 다닌다는 지적이다. 내 육신 중심의 생각을 고집하며 살아가는 자들의 안타까운 모습이다.

이 말씀은 함께 언급하신 '여우와 공중의 새'에 대한 의미를 이해하면 그 뜻이 더욱 분명해진다.

주 여호와의 말씀에 본 것이 없이 자기 심령을 따라 예언하는 어리석은 선지자에게 화가 있을진저 이스라엘아 너의 선지자들은 황무지에 있는 여우같으니라(겔 13:3~4)

누굴 여우라 하는 걸까? 이들은 이스라엘의 선지자들로 하나님의 말씀을 가르치는 자들이다. 그런데 하나님의 말씀과는 상관없이 자기 마음대로 가르친다. 여기서 말씀을 본 것이 없다는 의미는 그 본질적인 뜻을 모른다는 뜻이다. 과연 선지자 정도 되는 사람이 율법을 모를까? 문제는 율법 안에 담긴 진리를 모른다는 데 있다. 이어서 '부적'(겔 13:18)이라고까지 표현하는데 이는 하나님 말씀을 부적(符籍)처럼 사용한다는 탄식이 섞여있다. 마치 무당이 부적을 만들어 주고 몸에 지니게 하듯이 말이다. 도대체 어떤 마음으로 이런 부적을 받는 것일까? 성공과 출세, 사업의 번창이 대부분일 것이다. 수험생을 둔 부모는 자녀의 대학 진학이고 몸이 아픈 사람은 건강이 소원일 것이다. 그런데 교회에서도 이렇게 하고 있다. 성경 구절을 주면서 이것을 붙잡고 기도하면 반드시 이루어 준다고 하는 식으로 말이다.

'공중의 새'(눅 8:5)는 씨 뿌리는 비유에 등장한다. 길가 밭과 같이 단단한 마음 땅에 뿌려진 씨앗을 먹어버린 공중의 새들을 마귀라고 설명하신다. 마귀는 진리의 말씀이 우리 마음에 심기지 못하게 막고 반대로 악한 씨를 심어 가라지를 맺게 한다. 이러한 가리지는 마음속에 욕심을 키워 더 악해지도록 만든다. 이런 악한 씨가 바로 육신 중심의 가르침으로 사악한 이단적인 가르침이다. 이런 가르침들을 더 잘 받아들인다는 말씀이다.

너희에게는 머리털까지 다 세신 바 되었나니(마 10:30)

하나님은 우리의 모든 형편과 여건, 특히 우리의 마음 상태를까지 자세히 아신다. 마음 중심을 보시기 때문이다. 머리는 교회의 머리이신 그리스도를 지칭하는 것이기에 머리에서 난 털은 그리스도로부터 얻은 지식을 뜻한다. 하나님은 세상의 그 어떤 지식보다도 머리 되신 그리스도로부터 오는 진리를 귀하다 하시는 분이다.

민수기 6장의 나실인 규례에서 나실인은 '구별된 자'란 뜻이다. 나실인에게 '머리털을 밀지 말라'(민 6:5)고 하신 의미는 머리 되신 그리스도로부터 오는 진리를 잊어버리지 말라는 뜻이다. 이는 평생에 가슴에 새기고 살아가야 하는 푯대이기 때문이다. 삼손의 머리털을 밀자 힘이 빠지고 만 동화 같은 이야기(삿 16:19)로 알고 있는 삼손과 들릴라 이야기도 이런 의미다. 이는 우리 힘의 근원은 세상의 지식이나 재물이 아니라 그리스도로부터 오는 진리가 능력이자 힘의 근원이어야 한다는 말이다. 그런데 이 진리를 잃고 만 것이다. 이것이 머리의 털을 밀었다는 의미다.

죽은 자와 산 자

마태복음 8장에는 이해하기 어려운 말씀이 있다. 예수가 한 제자에게 따라오라 하자 그는 아버지가 죽었다고 말한다. 그런데도 예수는 그에게 따라오라 하신다. '죽은 자들에게 죽은 자를 장사지내게 하라'(마 8:22) 하시면서 말이다. 어떻게 죽은 자가 죽은 자를 장사할 수 있을까? 살아 있는 자가 죽은 자를 장사할 수 있지 않나? 이는 죽고 사는 기준에 대한 이해가 달라서 생기는 오해다. 우리는 몸이 죽은 자를 죽었다고 한다. 심장의 숨이 멎어야 죽은 것으로 생각한다. 그러

우리 힘의 근원은 세상의 지식이나 재물이 아니라 그리스도로부터 오는 진리가 능력이자 힘의 근원이어야 한다.

나 하나님은 육신의 모든 기능은 정상이더라도 영이 죽은 자는 이미 살아 있어도 죽었다 하신다. 이렇게 하나님의 시각과 우리의 시각이 다르다. 하나님은 중심을 보시나 우리는 외모를 본다. 요한복음 5장을 보면 그 뜻이 더 분명해진다.

> 진실로 진실로 너희에게 이르노니 죽은 자들이 하나님의 아들의 음성을 들을 때가 오나니 곧 이때라 듣는 자는 살아나리라(요 5:25)

살아나는 시점을 '이때라' 하신다. 지금(now) 듣는 그 순간에 살아난다는 말이다. 그리스도의 말씀을 듣고 자신이 죄인인 것을 깨달아 회개하는 자가 살아나는 것이다. 이때가 마음의 문을 열어 생명이신 그리스도가 우리 안으로 들어오는 순간이다. 문 앞에서 기다리시던 주님이 마침내 문 안으로 들어오고 사탄은 자신이 지금까지 누리던 보좌에서 쫓겨난다. 이 순간이 살아나는 시점이다. 곧 인생의 주인이 바뀌는 것이다. 그리스도의 보좌가 마음 안에 있는 하늘에 자리를 잡는 것이다. 이제부터는 하늘에서 비를 내려 마음 땅을 부드럽게 할 수 있게 된 것이다. 이제야 진리의 씨앗이 마음 땅에 심어지게 된다.

사도 바울도 에베소서에서 '허물과 죄로 죽었던 너희를 살리셨도다'(엡 2:1)라고 기록한다. 장차 죽을 자가 아니라 이미 죽었던 자라 한다. 하나님의 시각은 이처럼 공중의 권세 잡은 자인 사탄 밑에서 종노릇하던 자를 죽은 자라 하신다. 육체의 욕심을 따라서 살던 자를 하나님이 새롭게 살리신 것이다. 이것이 구원이며 죽은 자가 살아난 은혜다. 마침내 영원한 생명을 향한 여행이 시작된 것이다. 그리스도로 인해 살아난 사람은 이 땅에서 이미 한 번 살고 훗날 비록 몸은 죽어도 영혼은 죽지 않는 자이다. 즉 두 번 사는 참으로 복된 자이다.

나실인의 규례에서 '시체를 가까이 하지 말라'(민 6:6)는 말씀도 단순히 목숨이 끊긴 자를 일컫는 것이 아니다. 우리의 영을 죽음으로 끌고 가는 악한 가르침을 가까이하지 말라는 경고다. 사탄은 육신적인 가르침을 통하여 사망으로 끌고 가려고 하기 때문이다.

무덤 속에 있는 자

이를 놀랍게 여기지 말라 무덤 속에 있는 자가 다 그의 음성을 들을 때가 오나니 선한 일을 행한 자는 생명의 부활로, 악한 일을 행한 자는 심판의 부활로 나오리라(요 5:28~29)

예수는 무덤 속에 있는 자가 당신의 음성을 듣는다면서 살아날 것을 말씀하신다. 무덤에 있는 자는 장사지내어 땅에 묻은 자이다. 이 말씀으로 인해 죽은 후 화장을 기피하는 기독교인들도 실상 적지 않다. 훗날 부활할 때 무덤에 있어야 한다면서 말이다. 그러나 무덤에 있더라도 다 썩어 없어졌을 것 아닌가? 비록 뼈는 남아있을지 모르지만 말이다. 로마서의 말씀을 보면 이 뜻이 더 분명해진다.

> 그들의 목구멍은 열린 무덤이요 그 혀로는 속임을 일삼으며 그 입술에는 독사의 독이 있고 그 입에는 저주와 악독이 가득하고 (롬 3:13~14)

보이는 무덤이 아니라 목구멍을 열린 무덤이라 하신다. 비록 살아 있더라도 우리의 마음 상태가 무덤과 같은 자가 있다는 말씀이다. 무덤에서 썩은 냄새가 나듯이 우리의 입에서 나오는 말들이 썩고 냄새나는 말이라는 것이다. 향기로운 생명의 말이 나와야 하는데 악취 나는 사망의 말이 나온다. 바리새인들을 엄하게 질책하시면서 '회칠한 무덤'(마 23:27)이라 하신다. 이스라엘에서는 당시 굴을 파서 시체를 넣고 입구를 돌로 막았다. 예수의 무덤처럼 말이다. 이런 무덤을 혐오스럽게 보이지 않으려고 무덤 밖에 회칠을 했다. 이것을 빗대어서 생각과 마음은 무덤과 같이 더러운 것들이 가득한데 겉만 그럴듯하게 꾸민다고 한 것이다. 그러면서 외식하는 자들이라고 거듭 책망하신다. 우리의 근본을 제대로 고쳐야 하는데 겉만 대충 고치고 말기 때문이다.

에스겔 37장에 기록된 뼈가 가득한 골짜기의 환상도 같은 의미다. 비록 몸은 살아 있으나 영혼의 상태가 무덤과 같은 이스라엘 백성들에게 교훈하신다. 지금 우리도 내면의 상태가 어떠한

지를 돌아보자. 이름만 크리스천인 것은 아닌지 교회의 그럴듯한 직분으로 안의 더러운 무덤을 가리고 있는 것은 아닌지 말이다. 진리의 말씀으로 살아날 수 있다. 에스겔이 하나님의 말씀을 대언(代言)할 때마다 살아나듯이 말이다.

이런 맥락에서 나사로를 살리신 사건(요 11장)도 훗날 묘지에서의 부활을 말씀하시는 것이 아니라 현재적 부활에 초점이 있다. 영이 죽은 자이기에 마치 무덤 속에 있는 것 같은 마음속에 생기를 불어넣어 살아나게 하신다. 이 땅에서 부활을 선취하지 못하면 몸이 죽은 후의 부활이 우리와 상관이 없음을 기억해야 한다. 이렇게 이 땅에서 부활을 선취한 자는 죽어 몸을 떠날 때 신령한 몸을 덧입는다. 하나님은 우리 영혼의 중심을 보신다는 것을 잊어서는 안 된다. 우리의 영혼만이 영원으로 이어지기 때문이다. 영이 죽은 자는 이미 죽어있는 자로 무덤 속에 있는 자임을 기억해야 한다. 무덤에서 나오라 부르고 계시는 주님의 애절한 음성을 듣는 귀가 열려야 한다.

부자와 천국

자칫 부자는 천국에 가기가 힘들 뿐 아니라 하나님이 미워하시는 대상으로 생각하기 쉽다. 과연 그럴까? 마태복음 19장에 부자 청년의 이야기가 기록되어 있다. 부자 청년이 예수께 와서 어떻게 천국에 갈 수 있냐고 질문한다. 이때 예수는 계명을 지키

악한 속성이 드러나야 치료를 시작할 수 있다. 양날 가진 검인 진리가 드러난 환부들을 도려낸다.

라고 답변하신다. 그리고 다 지켰다고 말하는 청년에게 예수는 가진 것을 다 나누어 주라 하신다. 이에 청년은 고민하며 돌아간다. 그러자 예수는 '부자가 천국에 들어가기 어렵다'(마 19:23)고 말씀하신다. 이 말은 단지 물질의 부자를 말하는 걸까? 그렇다면 과연 공의의 하나님이라고 할 수 있을까? 사람을 외적인 것으로 차등하시는 것처럼 보이기 때문이다.

누가복음 16장에 기록된 부자와 거지 나사로의 이야기는 또한 어떠한가? 부자는 음부(陰府)에 가고 가난한 나사로는 천국에 간 이야기 말이다. 이 말씀은 단지 물질이 없는 가난한 자를 지칭하신 것이 아니라 마음이 가난한 자를 받으신다는 뜻이다. 바로 자신이 죄인임을 아는 사람이다. 누가복음 18장에 등장하는 세리와 같이 성전 한구석에 가서 자신의 가슴을 치며 기도하는 자이다. 반대로 바리새인은 자신의 의를 드러낸다. 이는 진리의 빛 앞에 나오지 않기 때문이다. 세상의 도덕과 윤리로 만든 초등학문의 희미한 등잔불 앞에 있으니 자신의 내면을 볼 수 없는 것이다.

여기 나오는 부자가 바로 이런 사람이다. 그러나 가난한 사람은 주님을 갈망함으로 심령이 가난하게된 사람으로, 어찌하든 선생이라는 자들에게 가서 진리의 떡 한 조각이라도 얻기 위해 몸부림치던 구도자였다. 주님은 그런 가난한 마음을 보시고 의롭다 여기시며 하나님의 나라로 이끄시나 스스로 의롭다고 생각하는 외식에 빠진 교만한 부자는 어둠의 나락으로 떨어지고 만다. 이처럼 부자는 외식에 빠져 십계명 안에 담긴 본질을 보지 못하고 인본적인 도덕과 윤리의 초등학문에 머문 자이다. 결국 밖으로 하던 외식을 버리고 진리로 거듭나라는 예수의 가르침을 거절하고 자신의 길을 고집하며 떠나버린 안타까운 사람이다.

요한계시록에 등장하는 일곱 교회 중에 맨 나중에 언급되는 라오디게아 교회를 하나님은 '부요하다 하나 곤고하고 가련한 자'(계 3:17)라고 책망하신다. 이 외식하는 자들은 교회에 다니는 것을 마치 스펙(spec) 쌓는 것으로 생각한다. 교회 직분을 세상의 감투 쓰는 것으로 안다. 직분을 얻기 위해 돈을 요구하기도 한다. 매관매직(賣官賣職)하던 옛 시대의 구태와 다른 점이 무엇인가? 속에 더러운 것이 그대로 있으니 여전히 입에서 사망의 말이 나온다. 주님께서는 이들에게 안약을 사서 바르라 하시는데 이는 눈을 뜨게 해주는 진리를 듣고 자신의 내면을 들여다보라는 뜻이다. 진리는 다른 사람을 향한 정죄와 판단에서 돌이켜 자기 자신을 돌아보게 한다. 원광의 빛으로 다가와 숨겨진 어둠들을 드러낸다. 악한 속성이 드러나야 치료를 시작할 수 있다. 양날 가진 검인 진리가 드러난 환부들을 도려낸다.

고아와 과부

누가복음 18장에는 '원한을 풀어달라'는 과부의 간절한 기도가 기록되어 있다. 그렇다면 이렇게 떼를 쓰고 붙들고 늘어지면 반드시 기도 응답을 받는다는 가르침인가? 만약 이렇게 구할 때 그 어떤 것이라도 주신다면 사랑의 하나님일지는 모르나 공의의 하나님은 아니다. 생각있는 부모들은 자녀들이 졸라댄다고 모든 것을 다 주지는 않는다. 오히려 들어준 것 때문에 망하는 길로 갈 수 있기 때문이다. 돈과 명예 때문에 본인은 물론 하나님의 영광까지 가리는 일이 얼마나 많은가?

이 말씀을 이해하기 위해서는 성경에서 말하는 원수에 대한 바른 이해가 필요하다. 사람은 원수가 아닌 용서의 대상이다. 집안 식구가 원수라고 하신 것은 마음속에 살아가고 있는 악한 속성들을 말하는 것이다. 가나안 땅에 미리 집을 짓고 살고 있던 일곱 족속으로 볼 수 있다. 여기 등장하는 과부 역시 더 본질적인 의미를 갖고 있다. 지금까지 함께 살던 세상의 남편, 세상의 가르침을 주던 옛 남편들을 떠나보낸 자다. 사마리아 지방의 여인처럼 지금까지 살아가던 남편과 관계를 끝내고 일곱 번째 남편인 그리스도를 만났다. 지금

> **어둠의 실체가 악한 영이라는 것을 보게 될 때 기도가 바뀐다. 밖을 향하던 기도가 안으로 향하게 된다.**

까지 살던 남편은 세상 육 중심의 가르침을 주었던 거짓 선생들로 당시 바리새인들을 말한다. 과부는 이제까지 비진리를 받아먹던 자리에서 진리의 자리로 돌아온 여인이다. 당연히 본질적인 원수인 악한 영들을 향해 기도하게 마련이다. 원수와의 싸움이 혈과 육이 아닌 영적인 싸움임을 아는 자이기에 악한 영들을 처리해 달라고 기도한다. 영적인 전투는 성령의 도움 없이는 이길 수 없기 때문이다. 이런 과부의 기도에 하나님은 반드시 응답하시겠다고 약속하신다.

내가 너희에게 이르노니 속히 그 원한을 풀어 주시리라 그러나 인자가 올 때에 세상에서 믿음을 보겠느냐 하시니라(눅 18:8)

이 말씀이 마치 주님의 한숨 소리로 들리는 것은 왜일까? 정작 이런 기도를 찾아볼 수 없기 때문이다. 원수 삼은 사람들로 인해서는 기도하지만 정작 하나님의 본질적 원수인 악한 영을 향해서는 기도하지 않는다. 오직 참 남편 되신 그리스도를 만난 사람들은 이제 자신이 어둠이라는 것을 알게 된다. 그 어둠의 실체가 악한 영이라는 것을 보게 될 때 기도가 바뀐다. 밖을 향하던 기도가 안으로 향하게 된다. 다른 사람을 향해 손가락질하던 손이 어느새 자신의 가슴을 치는 손이 된다. 점차 바리새인의 기도에서 세리의 기도로 변한다. 그러나 주님은 이런 기도를 듣기가 어렵다고 탄식의 말씀을 하신다. 이방인의 기도는 차고 넘치나 정작 그의 나라와 의를 위하는 기도는 드물다고 하신다.

하나님이 '고아와 과부'를 사랑하신다는 말의 본질적이고 영적인 뜻은 바로 이런 것이다. 고아의 의미 역시 육신적인 가르침을 주었던 세상의 아비 마귀를 떠나 참 아버지인 그리스도의 말씀을 따르는 자들을 말한다.

남편과 아내

그러므로 사람이 부모를 떠나 그의 아내와 합하여 그 둘이 한 육체가 될지니 이 비밀이 크도다 나는 그리스도와 교회에 대하여 말하노라(엡 5:31~32)

이 구절은 창세기 2장 24절 말씀을 인용한 것이다. 즉 오래전에 기록된 남편과 아내에 대한 말씀 속에 비밀이 있었다는 것이다. 그러면서 크고 비밀한 것은 바로 그리스도와 교회라고 말한다. 즉 남편이 그리스도이며 아내가 교회라는 것이다. 이는 '교회의 머리 되신 그리스도'(골 1:18)와 한 몸을 이루어야 한다는 의미다. 머리와 몸이 따로 따로 논다면 이는 정상적인 사람이 아니다. 머리가 어떻게 생각하느냐에 따라 몸이 움직이기 마련이다.

여호와 하나님이 아담에게서 취하신 그 갈빗대로 여자를 만드시고 그를 아담에게로 이끌어 오시니 아담이 이르되 이는 내 뼈 중의 뼈

요 살 중의 살이라 이것을 남자에게서 취하였은즉 여자라 부르리라 하니라(창 2:22~23)

갈빗대는 히브리어로 צֵלָע(첼라)인데 '갈빗대'라는 뜻 외에 '옆구리, 측면'이라는 뜻이 있다. 갈빗대와 같이 죽어있던 자들이 살아난 것이 교회라는 말이다. 에스겔 37장에 나오는 마른 뼈들의 이야기이기도 하다. 아담이 여자를 '하와'(חַוָּה)라 부르는데 이는 '살았다'라는 뜻이다. 하나님은 이렇게 살아난 자들의 하나님이시다.

예수께선 십자가에서 로마 병사의 창에 찔려 옆구리에서 물과 피를 흘리신다. 이때 '옆구리'라는 단어가 헬라어로는 πλευρα(플류라)이고 히브리어로는 'צֵלָע'(첼라)이다. 이는 교회가 물과 같은 순전한 진리와 피와 같은 사랑으로 이루어져야 함을 의미한다. 예수의 마지막 성찬식 때도 떡과 포도주를 주시면서 살과 피라고 하셨다. 이것을 평생 먹고 마셔야 하는데 여기서 떡은 진리의 말씀을 뜻하며 포도주는 사랑을 뜻한다. 진리 안에 들어있는 진한 피와 같은 사랑이다. 예수는 그리스도의 아내인 교회가 진리의 반석 위에서 세워진 사랑의 공동체임을 말씀하신다. '살 중의 살'은 진리의 말씀으로 세워진 교회를, '뼈 중의 뼈'는 사랑 중에서도 십자가의 진한 사랑으로 세워진 교회를 가리킨다. 뼈에서 피가 만들어지기 때문이다.

또한 성전을 만들 때 벽의 측면을 따라 골방을 만들었는데 이

골방의 원어 역시 צֵלָע(첼라)이다. 즉 교회는 언약궤가 있는 성전에 붙은 기도방과 같은 골방에서 만들어져 감을 보여주신다. 이처럼 교회는 말씀과 기도로 이루어진다.

누가 현숙한 여인을 찾아 얻겠느냐 그의 값은 진주보다 더 하니라 그런 자의 남편의 마음은 그를 믿나니 산업이 핍절하지 아니하겠으며 이런 자는 살아 있는 동안에 그의 남편에게 선을 행하고 악을 행하지 아니하느니라(잠 31:10~12)

잠언 마지막 31장의 말씀에 나오는 현숙한 여인을 통해 어떤 교회가 아름다운 모습인지 잘 볼 수 있다. 고난에 쉽게 포기하거나 굴복하지 않는 강한 여인이다. 어떤 고난이 오더라도 흔들리지 않는 견고한 교회이며 사탄의 공격을 막아낼 뿐 아니라 싸워 이겨 내는 강한 교회다. 어떤 상황 속에서도 평강과 기쁨을 잃지 않는 자족의 능력을 지닌 것이 교회다. 오직 남편 되신 그리스도께 소망을 두기 때문이다.

계시록 19장에 기록된 어린양의 아내는 머리에서부터 발끝까지 세마포를 입었다. 더러운 죄를 다 씻어낸 거룩한 교회의 모습이다.(계 19:8) 또한 그리스도의 아내를 '거룩한 성 예루살렘'(계 21:10)으로 비유하고 있는데 이는 곧 임마누엘 주님이 함께 거하는 평강의 성이다. 평강의 왕이 다스리시니 더 이상 염려나 두려움의 파도가 없다. 바다를 걸으시면서 잠잠하라 하신 주님이 함께하시기에 더는 세상의 염려로 인한 파도가 없는 참으로 복된 교회다.

열매

요한복음 15장엔 포도나무 열매에 대한 내용이 기록되어 있다. 포도나무이신 그리스도에게 붙어있어야 열매를 맺을 수 있다. 이는 진리의 씨를 통해 맺어지는 지혜와 사랑의 열매로 마음 땅에 맺어지는 열매이기 때문이다. 말은 이런 마음의 열매가 밖으로 표출되는 것이다. 지혜와 사랑의 말을 통해 그 사람 안에 맺어진 열매의 상태를 알 수 있다. 우린 가시나무와 같은 자들로 늘 다른 사람을 찔러대며 급기야는 하나님까지 찔러댄다. 예수가 머리에 쓰신 가시관이 바로 이런 의미다. 우리의 단단한 생각으로 진리이신 예수까지 찔렀다. 내 생각과 다르거나 시대에 뒤떨어진다면서 말이다.

이사야는 '입술의 열매를 창조하시는 하나님'(사 57:19)이라고 고백한다. 늘 염려로 인해 불평하던 죄인의 입술이었다. 상처를 주고 때론 죽이기도 했던 입술을 고치려고 오신 주님이다. 많은 경우 재물을 열매라고 생각하기 쉽다. 때론 세상의 출세와 성공이 교회에 다닌 열매라며 자랑스럽게 여기기도 한다. 이런 것들이 다 소용없다는 건 아니다. 그러나 마음 안에 맺은 열매 없이 주어진 밖의 열매가 반드시 좋은 것만은 아니다. 근이 땅을 떠날 때 밖에서 보거나 만질 수 있는 어떤 것도 가져갈 수 없다. 오직 마음 땅에 맺어진 안의 열매만을 가져갈 수 있다.

본적인 마음이 변화되지 않은 자에게 주어진 외적인 부와 권세가 오히려 하나님의 영광을 가리는 경우가 얼마나 많은가?

마태복음 7장에서 예수는 거짓 선지자를 책망하신다. 수고하고 애썼지만 불법을 행한 이들은 하나님의 법을 기준으로 한 것이 아니다. 신앙의 열매를 눈에 보이는 열매로만 착각하여 사역한 자들이다. 반면에 마음 안에 맺어진 열매가 참 열매임을 알고 사역한 자들은 법대로 한 자들이다. 입술의 열매는 훗날 주님 앞에 갔을 때 꼭 바쳐야 하는 열매이다. 이 땅을 떠날 때 밖에서 보거나 만질 수 있는 어떤 것도 가져갈 수 없다. 오직 마음 땅에 맺어진 안의 열매만을 가져갈 수 있다. 열매를 맺기 위해서는 땅을 일구고 거름을 주는 수고가 전제되야 한다. 제때 씨를 뿌리고 잡초도 뽑고 해충도 잡아 줘야 한다. 이렇듯 입술의 열매를 위해서는 마음 땅을 경작해야 한다. 말씀과 기도가 씨앗이며 농기구요 해충을 잡아내는 방제약이다.

눈물을 흘리며 씨를 뿌리는 자는 기쁨으로 거두리로다 울며 씨를 뿌리러 나가는 자는 반드시 기쁨으로 그 곡식 단을 가지고 돌아오리로다(시 126:5~6)

눈먼 자

요한복음 9장에는 맹인이 실로암 물에 씻고 나서야 보게 되는 사건이 나온다. '실로암'(Σιλωάμ)은 '보냄을 받은 자'라는 뜻이다. 즉 오실 메시아인 그리스도에게 와야 고침을 받을 수 있다는 뜻이다. 무엇보다 영적인 맹인에 대한 마지막 부분의 대화 속에서 이런 의미를 더 확실히 알 수 있다.

> 예수께서 이르시되 내가 심판하러 이 세상에 왔으니 보지 못하는 자들은 보게 하고 보는 자들은 맹인이 되게 하려 함이라 하시니 (요 9:39)

실상 이 말씀을 문자 그대로 받아들인다면 교회에 나올 사람이 있을까 싶다. 잘못하다간 오히려 맹인이 될 수 있으니 말이다. 실제로 이들은 사물은 잘 분별해도 하나님을 못 보는 영적 맹인들이다. 성경에 쓰인 글씨는 읽을 줄 알아도 안에 담진 진리를 못 보는 자들이다. 이렇게 영적인 맹인들을 보게 하시겠다는 것이다. 그러나 본다고 하는 자들, 즉 다 안다고 하며 자신이 영적인 맹인임을 인정하지 않는 자들은 계속 맹인으로 있을 수밖에 없다. 하나님은 억지로 하시는 분이 아니심을 잊어서는 안 된다. 예수의 말씀을 들은 바리새인들은 '우리도 맹인인가?'라며 반문한다. 자신들은 맹인이 아니라며 입을 삐죽이면서 비웃는 이들의 마음을 아신 예수는 맹인임을 시인하면 고쳐줄 수 있는데 아니라 하니 맹인으로 있을 수밖에 없음을 안타까워하신다. 그런데 여기서 왜 맹인을 죄와 연결시켜서 말씀하실까?

> 영생은 곧 유일하신 참 하나님과 그가 보내신 자 예수 그리스도를 아는 것이니이다(요 17:3)

네비(navigation) 없이 길을 찾기가 쉽지 않다. 처음 가는 생소한 길은 더욱 그렇다. 천국으로 가는 길은 낯선 초행길이기에 네비 되시는 그리스도 없이는 갈 수 없다. 즉 진리를 모르고는 갈 수가 없다. 진리가 천국으로 이끄는 네비로 예수는 자신이 길과 진리며 생명이라고 하신다. 결국 진리를 모르면 죄 가운데서 빠져나올 사람이 없다. 맹인인 자가 지도자로 앞에 가면 뒤를 따르는 사람들이 다 망할 수밖에 없다.(마 15:14)

누가복음 4장에는 예수께서 하신 설교가 나온다. 주님은 '눈먼 자를 다시 보게하겠다'(19절)고 하신다. 죄의 포로가 되어 사탄에게 잡힌 자로 살아가는 원인이 바로 영적인 맹인 됨에 있음을 강조하신다. 죄를 죄로 보지 못하는 맹인이기 때문이다. 하나님의 말씀이 가려졌기 때문에 눈을 떠서 진리를 보게 하심으로 죄를 깨달을 뿐만 아니라 죄를 이겨 내는 자로 만드시려고 오셨다는 선포다. 이를 깨달은 사도 바울은 서신서 속에서 하나님의 말씀에 수건이 덮여있다고 기록한다.(고후 3:14) 이는 처음부터 덮인 것이 아니라 사람들의 완고한 마음으로 인해 덮인 것이다. 영적인 맹인이 되어 글자 안에 담긴 내용을 보지 못하게 되었다.

표적

예수께 와서 표적을 보여 달라고 하는 서기관과 바리새인들은 늘 밖의 표적을 구하는 자들이었다. 이들이 기다리던 메시아는 로마를 무찌를 수 있는 강력한 힘을 지닌 왕이어야 했다. 칼과 창을 가지고 오시지는 않았으나 하늘의 천사들을 동원하실 분으로 여긴 것이다. 이런 이적과 기적을 통해 저들을 이길 수 있는 엄청난 능력의 왕을 요구한 것이다. 실제 구약의 말씀 속에는 삼손의 이야기 같은 놀라운 이야기들을 볼 수 있다. 이들은 오병이어 기적과 죽은 나사로를 살리는 기적을 계속 보길 원했다. 뭔가 더 분명한 확신이 필요했다. 그러나 예수는 이들의 요구를 거절하며 요나의 표적에 대해 말씀하신다. 도대체 요나가 사흘 동안 물고기 뱃속에 머문 것이 무슨 표적이란 말인가?

> 예수께서 대답하여 이르시되 악하고 음란한 세대가 표적을 구하나 선지자 요나의 표적밖에는 보일 표적이 없느니라(마 12:39)

요나는 니느웨에 가서 회개를 선포하라 하시는 하나님의 말씀을 거역하고 다시스로 간 선지자다. 이때 하나님의 분노가 요나에게 임해 요나를 태우고 다시스로 가는 배가 풍랑을 만난다. 결국 제비뽑기로 바다에 던져진 요나는 처절하게 회개한다.(욘 2:2) 스올(שְׁאוֹל), 즉 음부의 한가운데 던져져서 요나는 자신의 모든 것을 내려놓고 오직 하나님의 손길만을 구한다. 사망의 한가운데 있었기 때문이다. 마침내 물고기가 요나를 토해 낸다. 이제부터의 요나는 예전의 요나가 아니었다. 그가 회개를 선포하자 니느웨 왕으로부터 모든 백성이 재를 뒤집어쓰고 회개한다. 그의 입술이 생명의 권세가 있는 입술로 바뀐 것이다. 결국 예수의 말씀은 죽는 것이 표적이라 하시는 것이다. 죽어야 새사람이 될 수 있음을 말씀하시면서 자신도 죽을 것이라 하신다. 다시 말하면 십자가의 죽음이 보여주시겠다는 표적이었다. 완전히 죽어야 새사람이 되는 것을 아시기 때문이다.

히브리어는 23자의 알파벳으로 되어있는데 이 중 마지막 글자가 ת(타브)로 '표적'이라는 뜻이다. 이 글자는 광야에서 모세를 통해 만들어 장대에 달라 하신 '장대에 달린 놋 뱀'을 형상화한 모양이다. 결국 이 놋 뱀은 십자가에 달리신 예수를 미리 보여준 것이다. 참으로 놀라운 하나님의 섭리가 느껴진다.

이를 깨달은 사도 바울은 고린도전서 1장에서 유대인들은 여전히 보이는 표적인 이적과 기적을 구하고 헬라인들은 단지 새로운 지식만을 구한다고 책망한다. 그러나 자신은 오직 십자가에 못 박히신 예수 그리스도를 전한다고 강조한다.(23절) 그는 십자가야말로 본질적인 표적이라는 것을 알았다. 더 나아가 바울은 '날마다 죽는다'(고전 15:31)고 선포한다. 이는 날마다 표적을 이루는 삶으로 죽어야 새롭게 될 수 있음을 깨달은 자의 고백이다. 육이 죽어야 영으로 충만한 부활의 영광이 있다.

오른쪽과 왼쪽

마태복음 25장에는 양과 염소의 비유가 기록되어 있다. 훗날 심판 때에 양은 오른쪽에 염소는 왼쪽에 두시겠다고 하신다. 양은 구원의 복된 자리에 있는 자들을 의미하는데 이들의 자리가 오른쪽이다.

> 모든 민족을 그 앞에 모으고 각각 구분하기를 목자가 양과 염소를 구분하는 것 같이 하여 양은 그 오른편에 염소는 왼편에 두리라(마 25:32~33)

성경의 곳곳에서 하나님의 손을 언급할 때마다 '오른손'(출 15:6)이라는 표현이 등장한다. 왼손이라고 하지 않는다. 오른쪽이라는 히브리어는 יָמִין(야민)으로 이는 단지 방향을 가리키는 뜻 외에 '바른, 확고한, 강한'이라는 의미를 지니고 있다. 반면에 왼쪽이라는 히브리어는 שְׂמֹאול(세모울)로 왼쪽이라는 뜻 외에 '어두운'이라는 의미가 있다. 그래서 왼쪽이라는 표현을 쓰지 않고 '올바르고 강한 하나님'을 나타내기 위해 오른쪽이라는 표현을 쓰는 것이다.

출애굽기 29장에 나오는 제사장 위임식 장면에서도 아론과 그의 아들들의 귀와 손 엄지와 발가락 엄지에 숫양의 피를 바르는데 다 오른쪽에 바른다. 아예 양쪽 다 바르면 더 좋지 않을까? 이는 앞서 살펴본 대로 오른쪽의 특별한 의미 때문이다. 창세기 35장엔 야곱의 아내 라헬이 둘째 아들을 낳으며 죽어갈 때 슬픔으로 인해 아들의 이름을 베노니(בֶּן־אוֹנִי), 즉 '고통의 아들'이라 부르는 장면이 나온다. 그러나 야곱이 그 이름을 베냐민(בִּנְיָמִין)이라고 바꿔주는데 이 역시 '오른손의 아들, 하나님의 강한 아들'이란 뜻이다.

예수가 부활 후 '하나님 보좌의 오른쪽에 앉으셨다'(히 12:2)는 뜻 역시 의로우신 자리, 즉 강하고 능력 있으신 하나님 본래의 자리에 앉으셨다는 의미다.

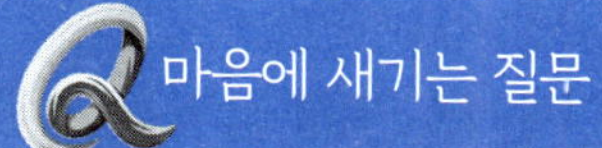

1. 죽은 자와 산 자에 대한 하나님과 시각과 우리의 시각은 어떻게 다르지 이야기해보자.

2. 아담과 하와는 본질적으로 무엇을 의미하는가?

3. 하나님이 말씀하시는 열매는 무엇을 가르키는가?

4. 성경에서 하나님의 손을 언급할 때 왼손이라고 하지 않고 '하나님의 오른손'이라는 표현을 볼 수 있다. 여기서 '하나님의 오른손'은 어떤 의미를 가지고 있는가?

자연 만물 안에 감춰진 진리

해와 달, 별

하늘의 해와 달, 별에서 오는 빛으로 인해 우리가 어둠을 이기고 살아갈 수 있다. 성경에 등장하는 빛은 물리적인 현상을 넘어 더 본질적인 진리의 빛을 나타낸다. 에스겔 선지자는 이런 해와 달과 별이 어둡게 될 것(겔 32:7)을 말하는데 이는 애굽에서 종살이 하는 것같은 삶을 사는 인생들에게 진리가 가리어질 것을 가리킨다.

요한 사도는 예수를 '참 빛'(요 1:9)이라고 말한다. 곧 진리의 빛이다. 사울이 다메섹 도상에서 하늘의 빛(행 9:3)을 본다. 그에게 그리스도로부터의 오는 진리의 빛이 비춘 것이다. 이 순간 사울 안에 있는 짙은 어둠이 물러간 것이다. 햇빛은 진리에서 오는 밝은 빛으로 죄인들의 자리를 비추는 훈계와 책망의 말씀이다. 자신이 세상의 비진리에 속해있는 어둠임을 깨닫고 회개의 자리로 나아가라는 것이다. 그리고 은은하게 다가오는 달빛은 진리에서 오는 사랑의 빛이다. 밤과 같은 고난의 시기나 침체의 시기를 극복할 수 있는 위로와 소망을 주시는 사랑의 속삭임이다. 또한 별은 밤하늘을 반짝이며 아름답게 장식한다. 한 치 앞도 분별할 수 없는 인생의 여정 속에서 길을 비추어주는 지혜와 총명을 말한다.

지혜 있는 자는 궁창의 빛과 같이 빛날 것이요 많은 사람을 옳은 데로 돌아오게 한 자는 별과 같이 영원토록 빛나리라(단 12:3)

내게 이 말씀은 유독 크게 다가왔었다. 젊은 날에 이마에 별을 달겠다며 사관학교에 들어갔었기 때문이다. 훗날 압록강 수비 사령관을 꿈꾸었다. 그러나 얼마 가지 않아 그 바람을 내려놓았다. 목회에 대한 강렬한 열망에 사로잡혔기 때문이다. 그러던 어느 날 이 말씀이 크게 다가오면서 그렇구나 하고 무릎을 꿇었다. 땅의 별을 하늘의 별로 바꾸어주셨구나 하는 감동이 밀려왔다.

예수도 이 땅에 오실 때에 별로 자신을 드러내셨다.(마 2:2) 별을 따라온 동방박사들이 참 지혜이신 그리스도의 별을 발견했던 것이다. 계시록에서도 그리스도는 스스로를 '광명한 새벽 별'(계 22:16)이라고 말씀하신다. 어둠을 물러가게 하고 환한 빛으로 인도하는 지혜의 별이라는 의미다.

이제 그리스도는 우리 안에 오셔서 우리 안에 떠 있는 해와 달과 별이 되신다. 늘 진리의 빛으로 마음 땅을 밝게 비추어주시고 사랑으로 위로하시며 지혜와 총명으로 세세하게 이끌어 가신다. 그러나 각 사람마다 그 빛의 밝기가 다르다. 이는 그리스도의 능력이 다르다는 뜻이 아니라 그 사람의 신앙이 어떠하냐에 따라 다르게 나타난다는 말이다. 우리 안에 있는 어둠의 구름들이 걷힐 때에 그 빛은 더욱 밝아진다. 반면에 사탄으로 인한 해와 달과 별이 있다는 것도 알아야 한다.

낮의 해가 너를 상하게 하지 아니하며 밤의 달도 너를 해치지 아니하리로다(시 121:6)

해와 달이 어떻게 우리를 해칠 수 있다는 말일까? 이는 인위적인 빛으로 원광인 그리스도를 흉내 낸 사탄의 빛이다. 이 빛은 광명한 천사를 가장해 진리인 양 다가와 마침내 우리를 어둠의 나락으로 끌고 가는 악한 비진리다. 우리가 진리의 빛 안에 있으면 이런 사탄의 거짓에 넘어가지 않게 된다는 말씀이다. 이사야서에도 하늘에서 떨어진 '계명성'(사 14:12)에 대해 기록되어 있는데 역시 사탄의 별이다. 사탄도 하늘에 앉아서 별과 같이 비춘다는 것을 알 수 있다.

마가복음 13장에서도 마지막 날의 징조에 대한 기록을 볼 수 있다. 그리스도가 충만하게 임하시고 나서 옛 하늘이 떠나간다. 옛 하늘이 완전히 떠나가야 새 땅이 이루어질 수 있기 때문이다.(막 13:24~25) 옛 하늘 아래서 공중의 권세 잡은 자인 사탄이 비진리의 가라지를 뿌려댔다. 그러나 진리의 빛이 해와 달과 별처럼 비추어올 때 옛 하늘에 있던 거짓 해와 달과 별들이 떠나갈 수밖에 없다. 더는 이런 것들을 받아들이지 않기 때문이다.

빛과 어둠

요한복음을 시작하면서 요한은 그리스도를 진리의 빛이라 한다. 반면에 어둠은 비진리 가운데 살아가는 자들의 마음 상태를 말한다. 창조의 일곱 날은 각각 저녁에서 아침을 향해 움직인다. 저녁은 어둠이 다가오는 시간이나 아침은 빛으로 환해지는 때다. 이렇듯이 새사람으로의 창조는 어둠에서 빛으로의 연속적인 진행이다. 어둠의 영이 하나둘씩 물러가고 빛이신 그리스도로 채워져 가는 여정이다.

새사람으로의 창조는 어둠에서 빛으로의 연속적인 진행이다. 어둠의 영이 하나둘씩 물러가고 빛이신 그리스도로 채워져 가는 여정이다.

유다가 그 조각을 받고 곧 나가니 밤이러라(요 13:30)

사탄이 들어간 가룟 유다가 예수를 바리새인들에게 팔아넘기려고 떠난다. 시간상으로도 밤이었지만 성경의 기록도 그의 마음 상태를 잘 보여준다. 성경의 마지막 책인 요한계시록의 내용은 빛으로 종결된다. 이는 영적 전투를 다 마친 승리자의 마음 상태로 빛이신 그리스도로 충만한 사람이 된 것을 보여준다.

다시 밤이 없겠고 등불과 햇빛이 쓸 데 없으니 이는 주 하나님이 그들에게 비치심이라 그들이 세세토록 왕 노릇 하리로다(계 22:5)

에덴을 창설하신 '동방'은 해가 뜨는 곳이다.(창 2:8) 빛이신 그리스도가 다스리시는 기쁨의 동산이기 때문이다. 우리는 빛이신 그리스도와 늘 함께 살아가야 하는 존재임을 보여준다. 에스겔 43장에서 하나님의 영광은 동쪽에서부터 임한다.(겔 43:1~2) 이는 떠났던 하나님의 영광이 돌아올 것을 약속한 것으로 훗날 메시아의 오심으로 완성된다. 우리 안에 오시는 그리스도의 임재다. 반면에 북쪽은 추운 곳으로 빛이 잘 들지 않는 곳이다.

여호와의 말씀이 다시 내게 임하니라 이르시되 네가 무엇을 보느냐 대답하되 끓는 가마를 보나이다 그 윗면이 북에서부터 기울어졌나이다 하니 여호와께서 내게 이르시되 재앙이 북방에서 일어나 이 땅의 모든 주민들에게 부어지리라(렘 1:13~14)

애굽 땅과 가나안 땅

하나님은 모세에게 이스라엘 백성들을 이끌고 나오라 하시면서 젖과 꿀이 흐르는 가나안 땅에 대한 약속을 하신다.(신 11:9) 가나안 땅은 이미 오래전에 아브라함에게 처음 약속하셨던 땅이었다.(창 12:1) 얼마나 중요한 땅이기에 이것 때문에 고향인 갈대아 우르에서 불러냈을까? 신명기 11장에는 두 종류의 땅에 대해 기록되어있다.

네가 들어가 차지하려 하는 땅은 네가 나온 애굽 땅과 같지 아니하니 거기에서는 너희가 파종한 후에 발로 물 대기를 채소밭에 댐과 같이 하였거니와 너희가 건너가서 차지할 땅은 산과 골짜기가 있어서 하늘에서 내리는 비를 흡수하는 땅이요(신 8:10~11)

실제 애굽 땅은 농사하기에 좋은 비옥한 땅으로 나일강 하구의 삼각주는 항상 물이 넉넉하여 많은 곡식을 수확하는 곳이다. 이 애굽 땅의 물 근원은 나일강으로 세상의 혼탁한 아랫물을 뜻한다. 즉 육신 중심의 가르침이다. 애굽 사람들은 이 나일강을 삶의 근원인 젖줄이라 하면서 신처럼 섬기기도 했다. 애굽에 내렸던 많은 재앙 중에서 나일강이 피로 변한다든지 강에서 무수히 많은 개구리가 올라오는 기적들은 이 강의 실체를 드러낸다. 세상 사람들이 의지해 살아가는 육신 중심의 가르침의 실상을 말이다.

반면에 가나안 땅은 아랫물이 아닌 하늘에서 비가 내리는 곳이다. 비는 모든 동식물을 살아나게 하는 깨끗한 물로 진리를 뜻한다. 즉 윗물인데 가나안 땅은 이런 물을 잘 흡수한다는 뜻이다. 이 땅은 옥토가 된 마음이다. 애굽에서 나와 연단의 과정인 광야를 거치면서 부드러운 마음이 된 것이다. 이제는 말씀의 씨를 심을 수 있는 땅이 된 것이다. 이런 땅에 진리의 말씀을 심어 알찬 성령의 열매를 맺게 하신다는 약속이다.(신 11:14) 이 열매야말로 훗날 주님께 가져가는 영원한 열매이다.

> 하나님의 교훈은 비와 이슬과 같다. 하늘에서 비가 내려야 만물이 소생하고 생기가 나듯이 하나님의 말씀이 있어야 우리의 영혼이 소생하고 생기가 충만해진다

마태복음 13장을 통해 예수는 바로 이런 땅에 관한 이야기를 한다.(마 13장) 네 종류의 땅에 마음 상태를 빗대어서 애굽 땅과 같은 인생에서 가나안 땅의 인생으로 나아가는 것이 신앙의 여정임을 가르치신다. 애굽 땅은 길가밭과 같은 땅으로 세상의 기복적이고 물질 중심의 가르침으로 인해 진리를 받아들이지 않는 단단한 마음이다. 그나마 뿌려진 씨앗을 공중의 새로 비유한 마귀가 채가고 대신 비진리를 뿌려댄다. 종국에는 주님이 받으실 수 없는 가라지를 맺을 수밖에 없다.

그러나 광야의 연단을 거쳐 가는 동안 길가의 단단한 밭이 부드러워진다. 하늘에서 비를 내려주시기 때문이다. 이것이 바로 진리의 만나이다. 이런 과정을 통해 바위가 부서져 돌이 되고 흙이 되어간다. 이렇게 부드러운 흙이 되어야 씨를 뿌릴 수 있게 된다. 하지만 뿌리내리고 열매 맺기 위해서는 시간이 걸리게 마련이다. 뿌려진 말씀의 씨앗이 열매 맺기 전에 가시와 엉겅퀴도 자란다. 너무 오랜 세월 동안 애굽에서 살았기 때문에 이 깊이 박힌 쓴 뿌리를 뽑아내는 일은 보통 어려운 것이 아니다. 이스라엘 백성들이 끊임없이 모세를 대적하면서 애굽의 음식을 그리

워하여 애굽으로 돌아가겠다고 하던 모습이 그 좋은 예다.

마침내 가나안 땅으로 들어간다. 온전하게 순종하는 사람들이 된 것이다. 언약궤를 앞세우고 여리고 성을 함락시킨다. 진리를 앞세우고 싸워나가는 것이다. 그러나 이곳에서도 방심하면 안 된다. 옥토에 가라지를 뿌려대는 원수들이 늘 있게 마련이다. 이들이 바로 포도원을 허무는 작은 여우들이며 우는 사자처럼 삼킬 자를 찾는 대적 마귀와 그의 졸개들이다. 끝까지 견디는 자가 구원을 얻는다 하신 것이 바로 이런 이유다.

비와 바다

하나님의 교훈은 비와 이슬과 같다.(신 32:2) 하늘에서 비가 내려야 만물이 소생하고 생기가 나듯이 하나님의 말씀이 있어야 우리의 영혼이 소생하고 생기가 충만해진다는 뜻이다.

> 헐몬의 이슬이 시온의 산들에 내림 같도다 거기서 여호와께서 복을 명령하셨나니 곧 영생이로다(시 133:3)

이스라엘 가장 북쪽인 레바논과 시리아의 접경지역에 위치한 헐몬산은 해발 2,814m로 백두산보다 조금 높다. 이 산에는 일년에 약 1,500mm 이상의 비가 온다. 대부분 눈으로 내리는데 이른 여름철까지도 녹지 않는다. 이것이 수증기가 되어 바람을 타고 예루살렘의 시온산까지 온다. 이스라엘 사람들은 이때 내려주는 이슬이 얼마나 귀한지 안다. 마치 생명수 같은 것으로 이를 빗대어 '영생의 복'이라 표현한다. 시들어 메마른 풀과 나무들을 살리는 이슬과 같이 죽어가는 영혼들에게 영원한 생명을 주시는 그리스도로 인한 복을 말한다. 이처럼 하늘에서 내리는 비와 이슬은 다 영혼의 양식인 진리를 의미한다.

반면에 유다서에서 거짓 선지자들을 질책하는 표현 중에 '물 없는 구름'(12절)이란 말을 찾아볼 수 있다. 정작 구름에 물이 없으니 이름만 구름이지 실상은 구름이 아니다. 마치 연기나 황사 먼지 같은 것이다. 이처럼 거짓 선지자들은 하나님의 말씀을 전한다고 하지만 정작 그 안에 진리가 없다. 자신들의 잣대로 말씀을 가감 왜곡하여 사람의 계명으로 가르치기 때문이다. 인본주의적인 도덕과 윤리의 초보에 머물게 하거나 기복적인 설교로 오히려 더 악화시킨다. 이런 의미에서 베드로 사도도 '물 없는 샘'(벧후 2:17)에 대해 언급한다.

에스겔 47장에는 성전에서 흘러나오는 물 이야기가 나온다. 즉 성전 되신 그리스도에게서 흘러나오는 진리다. 성전에서 흘러나오는 물이 발목에서 무릎에 차고 점점 허리에 이르러 나중에는 강물이 되어 헤엄쳐야 할 정도가 된다. 즉 진리의 말씀이 이렇게 넘쳐흘러서 죽어있는 영혼들을 살려내야 함을 보여준다. 우선은 내가 살아나야 하고 산 자가 되어 죽어있는 이웃들을 살려내야 한다. 더 나아가 생명으로 충만해져 행복한 천국의 삶을 누리게 하고 싶으신 것이 하나님의 사랑이다. 이것이 바로 잃어버린 에덴동산의 회복이다.

궁극적으로 성전에서 흘러나온 물이 살려내는 곳이 바로 바다다. 왜냐하면 바다의 생물들이 다 죽어 있기 때문이다. 이는 단순히 오대양의 바다 이야기가 아니라 세상의 바다를 의미한다. 육 중심의 비진리를 먹고 사는 곳으로 끊임없는 욕심으로 인해 족함 없는 세상의 삶이다. 짠 바닷물은 갈증을 해소시키기는커녕 오히려 더 심하게 만든다. 이와 같이 더 더 하면서 염려와 두려움 속에 살아가는 곳이 세상의 바다다. 하박국에는 하늘에서 내리는 빗물과 땅의 바닷물을 동시에 언급한 기록이 있다.

> 이는 물이 바다를 덮음 같이 여호와의 영광을 인정하는 것이 세상에 가득함이니라(합 2:14)

그 엄청난 바다를 어떻게 물로 다 덮을 수 있을까? 물은 여호와의 영광을 지칭하고 바다는 세상을 의미한다. 즉 여호와의 영광이 세상을 덮는다는 뜻이다. 이사야 말씀에서 뜻은 보다 명확해진다. '여호와를 아는 지식이 세상에 충만할 것'(사 11:9)이라 하시는데 이는 진리가 세상의 비진리를 덮는다는 말이다. 세상의 비진리 가운데 살아오던 악한 속성들이 이제 진리의 다스림을 받아야 한다. 세상의 비진리는 끊임없이 사람들을 자기중심적이며 육신 중심의 길로 몰아간다. 그래서 사람들로 하여금 무엇을 먹고 입을까 하는 염려에 붙잡히게 만들고 세상의 성공과 출세가 목표인 양 살아가게 한다. 그러나 하늘에서 내리는 맑은 물로 표현된 진리는 영원한 목표를 바라보게 한다. 거룩함으로 나아가게 하는 십자가의 길을 걷게 한다. 크리스천이 되었다면 그리스도의 말씀인 진리로 철저하게 본능적인 욕심을 다스려 나가야 한다.

그리심산과 에발산

예수께서 대답하여 이르시되 내가 진실로 너희에게 이르노니 만일 너희가 믿음이 있고 의심하지 아니하면 이 무화과나무에게 된 이런 일만 할 뿐 아니라 이 산더러 들려 바다에 던져지라 하여도 될 것이요(마 21:21)

잎은 무성하나 열매가 없는 무화과나무를 저주한 예수는 '산을 옮길 수 있는 믿음'에 대해 이야기한다. 그런데 말씀처럼 믿음이 크면 산도 옮길 수 있다고 생각되는가? 예수도 행하지 않으셨던 그런 엄청난 기적을 말이다. 우리가 자칫 하나님의 말씀을 오해하면 큰 문제를 야기할 수 있다. 사도 바울이 말한 것처럼 율법조문(letters) 자체로만 받아들일 때 자칫 영을 죽일 수 있음을 잊어서는 안 된다. 하나님의 의도는 죽어있는 우리 영을 살려내 영육 간에 강건한 삶을 누리게 하는 것이다.

신명기 27장에는 두 종류의 산이 언급된다. 바로 그리심산과 에발산이다. 가나안 땅에서 만나는 두 산은 우리의 신앙 여정 속에서 만나는 주요한 주제를 잘 보여주신다. 그리심(גְרִזִים)은 '잘라냄'이라는 뜻인데 하나님은 이곳에 올라가서 축복을 선포하라 하신다. 곧 할례 받은 산으로 더럽고 악한 것들을 잘라낸 거룩한 그리스도의 산이다. 모세가 십계명을 받았던 하나님의 산이며 진리의 산이다. 이 산에 거하는 자들에게 하나님은 영생의 복을 약속하신다.

반면에 에발(עֵיבָל)은 '벌거벗음'이라는 뜻으로 수치스럽고 부끄러운 산을 뜻한다. 곧 죄 가운데 거하며 육신의 것을 좇아가는 자들을 상징한다. 가나안 땅에 들어와서도 애굽의 종노릇을 하게 하는 악한 영들인 가나안 일곱 족속이 거하는 산이기도 하다.

산을 던지는 믿음이란 그리심산이 아닌 에발산을 던져내는 믿음이다. 이는 우리 안에 있는 악산(惡山)으로 사탄과 그의 졸개들이 살고 있는 곳이다. 잎만 무성한 무화과나무는 외식으로 간 이스라엘 백성들로 무엇보다 바리새인 같은 지도자들이다. 이렇게 진리를 보지 못하고 외식으로 가게 한 악한 속성들을 바다에 던져버리라는 것이다. 물론 바다는 비진리의 가르침으로 넘쳐나는 세상을 뜻한다.

산을 던지는 믿음이란 그리심산이 아닌 에발산을 던져내는 믿음이다.

소돔성에서 탈출한 롯과 가족들에게 산으로 도망하라 하신다.(창 19:17) 이는 탐욕과 음란한 자리를 떠나 거룩한 산인 그리스도의 산으로 가라는 의미다. 마지막 환난 날에 산으로 도망하라는 의미도 그리스도가 거하시는 그리심산, 진리의 산을 뜻한다.

가시나무

하나님은 미디안 광야에서 양 떼를 치고있던 모세에게 떨기나무 가운데 불꽃으로 나타나셨다.(출 3:2) '떨기나무'는 히브리어 סְנֶה(스네)로 '가시 관목'을 말한다. 신명기 33장에는 같은 단어를 '가시떨기나무'로 번역했다. 왜 하나님은 이런 보잘 것 없는 나무 가운데 나타나셨을까? 이는 모세 스스로가 가시 같은 존재임을 깨닫게 하려는 것이다. 급한 성미를 참지 못하고 사람을 죽였던 모세였다. 그러나 이런 모세에게 하나님의 불이 임하신다. 그에게 붙어있는 가시를 태우실 뿐만 아니라 하나님의 뜨거운 사랑이 임하신 것이다. 이스라엘 백성들을 애굽에서 건져내는 위대한 지도자로 부름받는 순간이다.

출애굽기 25장에서 하나님은 언약궤를 만들라고 말씀하신다. '조각목'으로 만들라 하시는데 조각목은 히브리어로 שִׁטִּים(쉿팀)으로 '가시나무'라는 뜻이다. 키가 6m 정도까지 자라는 광야에서 흔히 볼 수 있는 나무이다. 이 나무로 언약궤를 넣는 궤를 짜라 하신다. 더 좋은 나무를 구해서 만들라 해도 되셨을 텐데 말이다. 레바논의 백향목은 얼마나 좋은 나무인가? 그런데 왜 가시나무인가? 역시 가시나무 같은 우리의 실체를 보여주기 위해서다.

예수는 말씀이 육신을 입으신 분이다. 즉 언약의 말씀인 돌판이 상자인 궤에 들어간 것이다. 진리의 신성한 말씀이 인성을 입으신 것으로 예수의 일생은 말씀의 신성(神性)이 마리아를 통해 입으신 인성(人性)을 승화시켜 가는 여정이다. 광야의 시험을 시작으로 골고다 위에서 끝나는 여정이다. 육신의 속성들을 벗으시는 아픔으로 인한 부르짖음이 바로 '엘리 엘리 라마 사박다니'였다. 우리를 위해 처음 길을 내시는 그 고통이 얼마나 크셨을까? 이제 우리를 향해 이 길을 오라 하신다. 이는 가시나무에 금을 입히는 여정이며 아담으로부터 유전되어온 악한 속성을 잘라내는 여정이다. 나의 수족처럼 함께 살아온 가시 하나하나를 떼어내는 고통이 쉬울 리 없다. 그러나 가야 하는 십자가의 길이다. 마침내는 왕의 금관을 쓰는 영광된 자리이기 때문이다.

가시관을 엮어 그 머리에 씌우고 갈대를 그 오른손에 들리고 그 앞에서 무릎을 꿇고 희롱하여 이르되 유대인의 왕이여 평안할지어다 하며(마 27:29)

이 가시관 역시 우리 자신임을 깨달아야 한다. 예수를 십자가에 못 박으라고 소리치던 군중 속에 섞인 나 말이다. 끊임없이 진리를 거역하며 세상의 소리에 귀 기울이는 악한 모습으로 머리되신 그리스도의 가르침인 진리를 찔러댄다. 논리적으로 맞지 않고 배운 것과도 다르다면서 말이다.

낙타와 하루살이

> 화 있을진저 외식하는 서기관들과 바리새인들이여 너희가 박하와 회향과 근채의 십일조는 드리되 율법의 더 중한 바 정의와 긍휼과 믿음은 버렸도다 그러나 이것도 행하고 저것도 버리지 말아야 할 지니라 맹인 된 인도자여 하루살이는 걸러내고 낙타는 삼키는도다 (마 23:23~24)

예수가 바리새인들을 책망하시면서 하신 말씀이다. 십일조에 대한 말씀으로 온전한 십일조는 밖의 보이는 것에 국한된 것이 아니라 안의 것을 함께 드려야 한다고 가르치신다. 유대인들은 십일조에 대해 철저해서 낱개로 드리기 어려운 것들은 무게를 달아서까지 드렸다. 향의 재료인 박하와 회향과 근채 역시 무게를 달아 드렸다. 그러나 이보다 더 중요한 것이 빠졌다. 예수는 이를 정의와 긍휼과 믿음이라 하신다. 보이는 것은 엄격하게 지켰지만 보이지 않는 것은 소홀히 했다. 말라기 3장의 온전한 십일조 역시 이렇게 안과 밖의 것을 다 포함한 십일조를 말씀하셨던 것이다.

그러면 하루살이와 낙타는 각각 무엇을 뜻하는 것일까? 안의 것이 하루살이고 밖의 것이 낙타이다. 하루살이보다 낙타가 훨씬 더 중요하게 여겨지니 말이다. 안의 것은 하루살이처럼 별것 아닌 것으로 여기고 밖의 재물은 낙타처럼 가치 있는 것으로 여긴다는 책망의 말씀이다.

마태복음 19장에 기록된 부자 청년의 이야기에도 낙타가 언급된다. 청년은 무슨 선한 일을 해야 영생을 얻는냐고 묻는다. 이에 예수가 계명에 대해 언급하자 청년은 이미 다 지키고 있다며 자신 있게 답변한다. 이 대답 후 예수가 그 부자 청년의 소유를 팔아 가난한 자들에게 주라 하시자 이 청년은 떠나가고 만다. 이 젊은이가 그토록 재물이 많은 자였는가? 진정 부자는 천국에 들어가기가 그렇게 어려운가? 그렇다면 과연 이런 심판의 기준이 공정하냐는 문제에 부딪힌다. 여기서 부자에 대한 의미를 바르게 이해할 필요가 있는데 이는 재물에 대한 부자가 아닌 마음의 부자를 뜻한다. 이 정도면 되었다며 안주하고자 하는 교만한 마음이다. 성경은 가난한 심령을 지닌 사람이 천국에 들어갈 수 있다고 한다. 이는 겸손한 마음을 지닌 사람이다. 그리스도의 빛 앞에서 자신이 얼마나 어두운 존재인지 깨닫고 세리와 같이 가슴을 치며 회개하는 자다.

이 청년이 돌아간 후에 예수가 제자들에게 '낙타와 바늘귀'에 대해 언급하신다.(마 19:24) 낙타는 밖에 보이는 것이 다인 양 살아가는 외식하는 자다. 그렇다면 바늘은 무엇인가? 실상 바늘

수고하고 무거운 이 짐은 우선 율법의 짐이며 궁극적으로는 죄의 짐이다.

을 모를 사람이 없다. 그러나 여기에는 더 깊은 뜻이 담겨 있는데 이를 알기 위해서는 히브리어 알파벳 23자를 알아야 한다. 히브리어는 한자(漢字)처럼 사물이나 자연의 모양을 본떠서 만든 표의문자(表意文字)로 글자 하나하나에 뜻이 담겨 있다. 첫 글자는 א(알렙)인데 이는 황소의 머리를 형상화한 것이다. 소가 밭을 갈기 위해서는 일을 배워야하는 것처럼 '배우다'란 뜻을 지니고 있다. 두 번째인 ב(벧)은 '집'을 의미하고, 세 번째가 바로 ג(기멜)로 낙타를 뜻하는데 '짐을 운반하다'라는 의미다. 수고하고 무거운 이 짐은 우선 율법의 짐이며 궁극적으로는 죄의 짐이다. 네 번째는 ד(달렛)으로 첫 번째 관문인 비교적 넓은 문을 의미한다. 더 진행하면 19번째 글자가 ק(코프)로 '바늘귀'를 뜻한다. 이는 좁디좁은 최종관문이라는 의미다. 이렇게 죄의 짐을 진 인생들이 최종관문을 통과하는 구원의 여정을 가야함을 뜻한다.

더 나아가서 마지막 23번째는 ת(타브)로 장대에 달린 놋 뱀을 형상화한 것이다. 골고다에서 다 이루었다고 선포하시는 십자가의 예수다. 이렇게 첫 번째부터 마지막 23번째까지 가는 여정이 신앙의 여정이며 곧 십자가의 여정이다. 참 놀라운 하나님의 섭리가 아닌가.

개와 돼지

거룩한 것을 개에게 주지 말며 너희 진주를 돼지 앞에 던지지 말라 그들이 그것을 발로 밟고 돌이켜 너희를 찢어 상하게 할까 염려하라(마 7:6)

거룩한 말씀인 진리를 개 같은 자에게 주지 말라고 하시는데 이는 개처럼 물고 늘어지기 때문이다. 받아들이는 것이 아니라 시빗거리로 만드는 자들이다. 이미 마음속에서 거부하고 트집을 잡아 진리를 막으려는 악한 자들이다. 진주 역시 광야에서 이스라엘 백성들에게 매일 내려주신 만나를 뜻한다. 그 당시의 만나를 '마치 진주 같다'고 표현했다. 돼지 같은 자들은 욕심을 지닌 자들로 진리의 말씀을 자신의 배를 불리기 위한 수단으로 사용하려는 자들이다. 자신의 이름을 드러내거나 영향력을 키워보려는 악한 자들이다.

이사야 56장에는 당시 종교지도자들을 '벙어리 개'(10절)에 빗대어 말하는 부분이 나온다. 짖어야 하는데 짖지 못한다는 것이다. 도둑이 들어와도 짖지 못하는 개는 임무 수행에 실패한 것이다. 영적인 지도자들이 하나님의 말씀으로 백성들을 교훈하고 책망해야 하는데 그 사명을 포기하고 말았다. 평안하다 말하면서 축복이나 남발하고 죄를 죄라고 말하지 못하는 자들이 된 것이다.

누가복음 15장 속 탕자 이야기 속에도 돼지가 등장한다. 돼지가 먹는 '쥐엄 열매'는 세상의 가르침을 먹는다는 의미로 악한 육신 중심의 가르침을 말한다. 세상으로 나간 탕자가 결국은 세상 양식으로 배를 채워보려고 하나 영적인 포만감을 갖지 못한다. 아버지의 집으로 돌아가는 이유도 아버지 집의 양식이 그리웠기 때문이다. 곧 진리의 양식이다.

참된 속담에 이르기를 개가 그 토하였던 것에 돌아가고 돼지가 씻었다가 더러운 구덩이에 도로 누웠다 하는 말이 그들에게 응하였도다(벧후 2:22)

진리를 떠나지 말라는 말씀이다. 이스라엘 백성들이 애굽을 떠나 가나안으로 가는 여정 가운데 계속 애굽의 양식을 그리워한다. 이는 교회에 와서도 교회 밖에서 먹던 것을 그리워하며 떡에 누룩을 잔뜩 넣어달라는 말과 같다. 반찬에 설탕을 듬뿍 넣어달라는 것이다. 이런 음식은 당장 먹기는 좋을지 모르나 건강에는 치명적이다. 이처럼 진리를 먹고 마시다가 다시 세상의 비진리 가운데로 돌아가는 것을 경계하신다.

뱀

창세기 3장에서 뱀이 등장하는데 뱀 그 자체가 사탄은 아니다. 단지 뱀의 속성을 말씀하신 것뿐이다. 무엇보다 뱀의 특징은 두 개로 갈라진 혀다. 처음에는 그럴듯하게 다가와 진실인 척하면서 다른 쪽 혀로 거짓을 속삭인다. 에덴동산의 죄가 이렇게 들어온 것이다.

> 혀는 능히 길들일 사람이 없나니 쉬지 아니하는 악이요 죽이는 독이 가득한 것이라 이것으로 우리가 주 아버지를 찬송하고 또 이것으로 하나님의 형상대로 지음을 받은 사람을 저주하나니
> (약 3:8~9)

예수는 바리새인들을 엄하게 질책하면서 '독사의 새끼들'(마 23:33)이라는 끔찍한 표현까지 사용한다. 이는 '사탄의 새끼들'이라는 말이다. 도대체 왜 이렇게까지 분노하셨을까? 바로 그들의 외식 때문이다. 겉으로는 그럴듯하게 말하지만 안으로는 악이 그득했기 때문이다. 거룩함을 가장한 탐심이며 경건을 가장한 음란이다. 이것이 뱀의 특징으로 두 개의 혀로 진실과 거짓을 섞는 것이다. 우선은 그럴듯한 말로 접근하고 어느 정도 듣는 것 같으면 마침내 악한 속내를 드러낸다. 악한 가르침을 통해 마침내는 자신들의 종으로 삼는 것은 이단들의 대표적인 수법이기도 하다. 한번 이들에게 물리면 치유하는 데 얼마나 힘이 드는지 모른다.

또한 뱀은 땅에 기어 다닌다. 레위기 11장의 음식 규례에서 배

로 기어 다니는 짐승은 먹지 말라 하시는데 바로 뱀이 대표적인 짐승이다. 무슨 의미인가?

그들의 마침은 멸망이요 그들의 신은 배요 그 영광은 그들의 부끄러움에 있고 땅의 일을 생각하는 자라(빌 3:19)

배가 신(神)이라는 표현은 무엇을 먹을까 마실까 무엇을 입을까 하는 주제가 삶의 주요 관심사인 자들의 특징이다. 어떻게 하면 더 즐겁고 배 따습게 살 것인지 궁리하는 자들이다. 세상의 성공과 출세를 위해 살아가는 이들은 다른 사람은 상관없이 자신의 배를 위해서만 살아간다. 오직 자기가 삶의 중심인 짐승의 본능적인 삶과 다를 바 없는 인생이다.

메뚜기와 개구리

메뚜기는 푸른 싹들을 갉아먹어 마침내는 시들어 죽게 한다. 이런 속성 때문에 메뚜기는 생명을 앗아가는 악한 무리들을 뜻한다. 애굽의 메뚜기 재앙이 있었을 때 이들은 땅의 푸른 것 하나 남기지 않고 먹어치웠다.

요엘서 서두에는 자그마치 네 종류나 되는 메뚜기가 나온다.(욜 1:4) '팥중이'는 아직 자라지 못한 메뚜기이고, '메뚜기'는 다 성장한 메뚜기, '느치'는 어린 메뚜기, '황충'은 그야말로 식

욕이 왕성한 누런 메뚜기를 지칭한다. 이처럼 다양한 표현으로 메뚜기를 언급하는 것은 메뚜기 재앙으로 인해 발생될 수 있는 참담함을 강조하기 위해서다. 즉 장차 닥칠 심판이 그만큼 처절할 것임을 알려준다. 요한계시록에 등장하는 '황충'(계 9:3)도 메뚜기를 뜻한다.

개구리는 애굽에서 두 번째 재앙으로 등장한다. 온 땅에 개구리로 가득 찼으니 살 수가 없었을 것이다. 온통 개굴개굴하니 시끄럽기도 하고 침실까지 들어오니 쉴 수도 없었을 것이다. 이처럼 개구리는 우리 삶의 자리를 시끄럽게 하는 악한 속성들로 애굽에서 살아가는 인생들의 속성이기도 하다. 만족함이 없으니 늘 불평을 입에 달고 살며 환경을 탓하고 다른 사람을 탓한다. 자신은 괜찮은데 다른 것들이 문제라고 믿는다. 마음속에 평강이 없는 모습을 하나님은 개구리를 통해 보여주신다. 계시록에 있는 이러한 개구리의 영에 대한 말씀을 살펴보자.

> 또 내가 보매 개구리 같은 세 더러운 영이 용의 입과 짐승의 입과 거짓 선지자의 입에서 나오니(계 16:13)

용의 입과 짐승의 입, 거짓 선지자의 입에 개구리의 영이 있다고 하신다. 이는 더러운 영이며 원망의 영이다. 수군거리고 거짓을 퍼트리는 귀신의 영에 입술이 붙잡힌 자들이다.

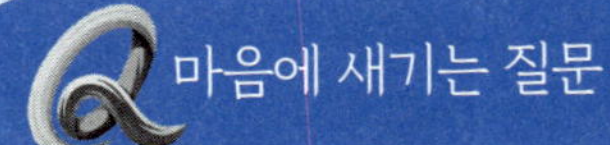

1. 모세와 백성들은 애굽땅에서 가나안땅을 향한 여정을 떠난다. 애굽땅과 가나안땅이 지니고 있는 차이는 무엇인가?

2. 언약궤를 싯딤나무로 만들되 금으로 안팍을 둘렀다. 금으로 두른 의미에 대해 생각해보자.

3. 낙타가 바늘귀로 들어가기보다 어렵다고 하신 말씀은 무슨 뜻인가?

4. 뱀의 어떠한 특징이 사탄의 예표인지 이야기해보자.

이름 속에 감춰진 진리

에덴동산

에덴동산의 에덴(עֵדֶן)은 '즐기다, 기쁘다'의 뜻이다. 즉 에덴동산은 '기쁨의 동산'이라는 의미인데 이는 단지 밖의 환경을 통해서 오는 기쁨을 의미하는 것이 아니다. 보이는 것은 언제든 변할 수 있기 때문에 본질적인 기쁨은 안에서부터 온다. 마음에 있는 것은 쉽게 뺏기지 않는다. 동산 중앙에 두신 두 종류의 나무 중 하나인 '생명나무'의 보다 바른 뜻은 '생명'(חַי, 하이)을 주는 나무'다. 훗날 예수가 오셔서 내가 생명이라 말씀하시는 내용과 연결된다. 생명은 헬라어로 ζωη(조에)인데 사도 바울은 아담을 '살려주는 영이 되었다'(고전 15:45)라고 기록한다. 여기서 '살려주는'의 헬라어는 ζωοποιέω(조오포이에오)로 '생명 주는'으로 번역하는 것이 보다 적절하다. 즉 그리스도가 생명을 주는 영으로 우리 안에 오셔서 생명으로 충만하게 하신다. 마침내 에덴동산을 회복하시는 것이다. 성경의 마지막인 계시록 22장에서 바로 이 에덴동산에 대해 설명하고 있다. 창세기에서 잃어버린 에덴을 마침내 요한계시록에서 회복시키며 성경의 대단원을 끝낸다. 이것이 알파와 오메가이며 시작과 마침이다.

생명나무와 달리 '선악을 알게 하는 나무'는 먹어선 안 된다. 우리는 단지 하나님이 명하는 대로 살아가는 존재로 말씀대로

> 에덴을 잃어버리고 만 것이다. 그리스도는 바로 이 잃어버린 에덴을 회복시켜주시려고 오신 것이다.

순종하면 된다. '그렇다' 하시면 가고 '아니다' 하시면 가지 않아야 한다. 그런데 사람들은 자신의 경험이나 생각으로 선악을 나누려 한다. 사람들의 경험이나 생각은 다 겉으로 보이는 것을 기준으로 삼기 마련이다. 보암직하고 먹음직한 열매를 주는 사탄은 사람들로 하여금 세상의 비진리를 먹게 한다. 사탄은 생명나무의 열매를 먹지 못하게 가라지를 뿌려댄다.

에덴에서 흐르는 강은 생명나무이신 그리스도로부터 흘러나오는 생명의 강물이다. 훗날 예수가 오셔서 말씀하신 '생수의 강'(요 7:38)인 것이다. 네 강의 이름이 나오는데 첫째 강인 비손(פּיתון)은 '쏟아져 나오는 물'이란 뜻이고 하윌라(וִילָה)는 '모래 땅'을 의미한다. 이는 그리스도로부터의 진리가 생수처럼 솟구쳐서 갈급해하는 마음 땅으로 흘러들어가는 것을 뜻한다. 이렇게 될 때 땅에 감추어진 금과 진주에 빗댄 그리스도의 형상을 회복해 간다. 베델리엄(בּרלח)과 호마노(שׁהם)는 다 보석의 일종이다. 둘째 강인 기혼(גיהון)은 '터져 나옴'이고 구스(כּוּשׁ)는 '검다'라는 뜻이다. 즉 그리스도로부터 터져 나온 생수 같은 말씀이 자신이 어둠임을 깨달은 낮은 마음속으로 흘러들어간다는 뜻이다. 셋째 강인 힛데겔(חִדֶּקֶל)은 '급류, 날카로움'이며 앗수르(אַשּׁוּר)는 '성공

하다, 번성하다'로 급류와 같은 예리한 말씀이 교만한 자들의 마음에도 날선 검처럼 들어가게 됨을 의미한다. 마지막 강인 유브라데(פְּרָת)는 '솟아오르다'는 뜻이나 어근은 פְּרִי(페리)로 '열매'라는 뜻을 지닌다. 즉 그리스도로부터 나온 생명의 말씀이 가난한 심령 속으로 흘러들어가 죽은 자들을 살려낼 뿐 아니라 마침내 열매를 맺게 된다는 말이다.

이처럼 행복하게 지음을 받은 자들이 에덴을 잃어버리고 만 것이다. 그리스도는 바로 이 잃어버린 에덴을 회복시켜주시려고 오신 것이다.

아담의 족보

아담의 족보는 열 번째 노아까지 이어진다. 하나님은 먼저 아담(אָדָם)은 흙으로 만들었다고 하신다.(창2:7) 여기서 흙에 사용된 원어는 '아파르'로 '티끌, 먼지'라는 뜻인데 이는 인생이 하찮은 티끌 같은 존재임을 깨닫고 살아가라는 말씀이다.

두 번째로 나오는 셋(שֵׁת)은 '놓다'라는 뜻으로 죽은 동생 아벨(הֶבֶל, 헛됨) 대신에 주신 아들이다. 즉 헛된 인생임을 깨달아 육신의 속성을 죽이는 여정을 통과하면서 새로운 삶의 자리에 놓인 자가 된 것이다.

세 번째로 나오는 에노스(אֱנוֹשׁ)는 '죽을 수밖에 없는'이란 의미로 자신이 죽을 수밖에 없는 존재인 것을 깨달은 자이다.

네 번째로 나오는 게난(קֵינָן)은 '둥지, 보금자리'라는 뜻으로 하나님께서 거하실 수 있는 거처를 준비한 자라는 의미다. 물론 하나님의 집은 우리의 마음이다.

다섯 번째 나오는 마할랄렐(מַהֲלַלְאֵ)은 '하나님을 찬양하다'라는 의미로 원망과 불평의 입술이 변해 하나님을 찬양하는 자가 된 것이다.

여섯 번째 나오는 야렛(יֶרֶד)은 '내려놓다, 내려가다'라는 뜻으로 육신의 것을 내려놓은 자라는 의미다. 내려놓는다는 것이 얼마나 어려운가? 이런 내려놓음의 길이 곧 십자가의 길이다.

일곱 번째 나오는 에녹(חֲנוֹךְ)은 '봉헌, 연단'이라는 의미로 연단을 통해 하나님께 봉헌된 자가 되었다는 말이다. 에녹에 대한 설명 중 '데려가시다'라는 원어는 לקח(라카흐)인데 '취하다'라는 뜻으로 하나님께서 거룩한 산 제물로 봉헌된 에녹을 받으셨기 때문에 이제는 그가 없었다는 의미다. 그는 더는 땅의 사람이 아닌 하늘의 사람으로 살아간 것이다. 이미 땅에서 하늘의 시민권자로 살아가는 자다.

여덟 번째 나오는 므두셀라(מְתוּשֶׁלַח)는 '죽음을 보내다'라는 뜻으로 죽음을 뛰어넘은 자가 된 것이다. 생명이신 그리스도로 충만한 자가 되었기에 사망과 상관없는 영생의 존재로 살아간다는 의미다.

아홉 번째 나오는 라멕(לָמֶךְ)은 '강한 자, 경험이 많은 자'라는 뜻으로 십자가의 길을 경험한 강한 자가 되었다는 의미다. 십자가의 길을 통해 육신의 속성을 죽음에 넘긴 자보다 더 강한 자가 없기 때문이다.

마지막 열 번째는 노아(נח)로 '안식하다, 쉬다'라는 뜻으로 마침내 세상의 염려와 근심, 두려움을 뛰어넘어 평강의 성인 예루살렘이 그 안에 완성된 자다. 평강의 왕이신 그리스도가 다스리는 예루살렘이 든든히 세워진 사람이다.

이렇듯이 아담의 계보는 단순한 혈통의 족보가 아니라 해산의 열 달처럼 열 단계의 여정을 거쳐 그리스도와 함께하는 안식의 자리에 이르는 영적인 계보를 나타낸다. 창조의 일곱 날을 통해 안식에 이르는 것을 보여주신 하나님은 이제 열 명이라는 계보를 거치면서 이루어가야 하는 안식을 알려주신다.

가인과 아벨

창세기 4장에 나오는 가인(קַיִן)은 '창, 작살'이라는 뜻인데 이는 가시처럼 찔러대는 겉사람의 속성을 보여준다. 진리의 씨와 함께 '가라지'를 뿌려대는 마귀의 씨가 있음을 잊어서는 안 된다.(마 13:25) 결국 가인은 자기 생각을 좇아 살아가는 자의 모습이며 아벨(הֶבֶל)은 '허무, 헛됨'의 뜻으로 자신이 헛된 존재임을 깨닫고 그리스도의 긍휼을 구하는 속사람의 모습이다.

가인이 땅의 소산으로 제물을 삼았다는 것은 자신의 의(義)로 드리는 예배자였음을 뜻한다. 사도 바울도 변화되기 전에는 자기 의를 내세우던 자였다. 반면에 아벨이 드린 양의 '첫 새끼'는 부활의 첫 열매이신 그리스도로 드리는 예배를 의미한다. 즉 진리로 드리는 예배다. '그 기름'은 חֵלֶב(헬레브)로 '가장 좋은 것'이라는 뜻이다. 가장 좋은 것은 성령이신데 이는 거룩한 영의 임재가 있는 예배를 말한다. 이런 예배가 바로 예수가 오셔서 말씀하신 '영과 진리로 드리는 예배'인바 이런 예배를 하나님이 찾으신다고 하셨다. 아벨의 제사를 통해 훗날 오실 그리스도의 영으로 드리는 예배를 나타내신 것이다.

가나안 땅에서 먹게 될 것이라 하신 '젖과 꿀'에서 '젖'의 히브리어 역시 חֵלֶב(헬레브)로 아벨이 드린 '그 기름'과 동일한 단어다. 꿀도 진리를 뜻하므로 영과 진리로 드리는 예배 가운데 마음의 땅을 경작하여 열매를 맺어가야 한다는 말씀이다. 결국 가인과 같이 자신의 의로 드리는 예배를 받지 않으시는 하나님은 예배는 오직 진리로 드리는 것임을 말씀하신다.

헛된 제물을 다시 가져오지 말라 분향은 내가 가증히 여기는 바요 월삭과 안식일과 대회로 모이는 것도 그러하니 성회와 아울러 악을 행하는 것을 내가 견디지 못하겠노라(사 1:13)

아브라함과 사라

아브라함의 원래 이름은 아브람인데 하나님은 그의 이름을 바꾸신다.(창 17:5~6) 무슨 의미가 있을까? 아브람(אַבְרָם)은 '고귀한 아버지'이라는 뜻이고 아브라함(אַבְרָהָם)은 '많은 무리의 아버지'라는 뜻이다. 사래의 이름도 바꿔 주신다.(창 17:15~16) 사래(שָׂרַי)의 뜻은 '왕비, 여주인'인데 바뀐 이름인 사라(שָׂרָה)는 '왕비, 귀부인'이란 뜻이다.

가인과 같이 자신의 의로 드리는 예배를 받지 않으시는 하나님은 예배는 오직 진리로 드리는 것임을 말씀하신다.

원래의 이름인 아브람이나 사래도 좋은 이름이다. 특히 바꿔주신 사라는 이전 이름과 별반 달라지는 것이 없지 않은가? 그런데도 바꿔주시는 이유가 있다. 바뀐 히브리어 이름을 보면 두 사람 모두 히브리어 철자인 ה(헤)가 덧붙여졌음을 알게 된다. 바로 여기에 중요한 뜻이 있다. 히브리어는 표의문자(表意文字)로 한자와 같이 형상을 본 딴 글자이다. 이 ה(헤)는 유목민들의 텐트를 본 딴 것인데 이들의 텐트는 맨 위에 공기구멍이 있다. 이곳으로 공기가 들어와서 숨을 쉴 수 있도록 한 것이다. 이런 연유로 이 철자는 '하나님과의 교통'이라는 뜻을 지닌다. 이제 아브라함이나 사라는 하나님과 교통하는 자들이 되었다는 의미다. 하나님과 상관없이 살던 죽은 자들이 하나님과 교통하는 산 자가 된 것이다. 생명 되신 그리스도가 함께하심으로 영생의 존재들이 되었다는 뜻을 이름 속에 담아두신 것이다.

야곱과 이스라엘

야곱은 태어날 때 자기보다 먼저 나오는 쌍둥이 형 에서의 발뒤꿈치를 잡았을 뿐만 아니라 형의 배고픔을 이용해 떡과 팥죽을 주고 장자권을 받아낸다. 여기서 그치지 않고 아버지를 속이고 형 행세를 하여 장자의 축복도 받아낸 자였다. 이런 의미들을 포함한 이름이 바로 야곱(יַעֲקֹב)으로 '발꿈치 잡은 자' 또는 '속여 빼앗은 자'라는 뜻이다. 결국 야곱은 자기의 술수로 살아가려는 옛사람을 보여준다.

마침내 야곱은 형으로부터의 복수를 두려워해 고향을 떠나 어머니의 고향인 하란으로 향한다. 그가 도망하는 중에 돌베개를 베고 잠잘 때 꿈을 꾸는데 이것이 그 유명한 '벧엘의 사닥다리' 꿈이다. 천사들이 하늘에 닿은 사닥다리를 통해 오르락내리락하는 것을 보게 된다.

이곳의 이름인 벧엘(בֵּית אֵל)은 '하나님의 집'이라는 뜻이고 루스(לוּז)는 '패역, 거역'이라는 뜻이다. 이는 장차 그가 어떤 사람이 될 것인가를 지명을 통해 보여준다. 루스에서 벧엘로 바뀌어 가는 여정이 야곱의 인생 여정이다.

드디어 야곱이 외삼촌 라반의 집이 있는 하란에 도착한다. 하란(חָרָן)은 '광야'라는 뜻으로 모세가 미디안 광야에서 40년을 훈련하였듯이 마침내 광야학교에 들어간 것이다. 이스라엘 백성들도 애굽을 떠나 40년을 시내 광야에서 보내지 않았는가? 광야에서 애굽의 속성을 빼내야 했다. 야곱은 하란에서 라반을 만나 혹독한 시련을 치른다. 라반은 야곱이 당해내지 못할 정도로 더 꾀와 술수에 능한 자였다. 그는 야곱이 자신의 둘째 딸 라헬을 좋아했으나 첫째 딸인 레아와 결혼하게 하였을 뿐만 아니라 종국에는 두 딸을 모두 데리고 사는 대가로 14년 동안 일하게 한다. 이후 두 딸의 여종과도 차례로 결혼하여 결국은 네 아내를 두게 된다. 결국 야곱은 하란에서 외삼촌과 네 명의 아내를 통해 힘겨운 시련의 기간을 보낸다. 이곳이 바로 하나님의 섭리 가운데 준비해 두셨던 훈련소였던 것이다.

외삼촌의 이름인 라반(לָבָן)은 '하얗게 하다, 표백하다'라는 뜻으로 검은 것을 희게 하는 자였다. 찌든 때를 빠지게 하는 '표백제' 역할을 한 것이다. 세탁기 안에서 돌아가는 옷처럼 야곱은 라반을 통해 자기의 한계를 알게 된다. 얼마나 나약한 존재인가를 깨달아 간다. 유격대장 라반과 함께 네 명의 아내가 조교 역할을 충실하게 해댔다. 자신만만하던 야곱이 마침내 자신의 약함을 깨닫게 된다. 하나님은 이 순간을 기다리고 계셨다. 자신의 생각을 내려놓을 때 하나님이 일하실 수 있기 때문이다.

야곱은 견디다 못해 20년의 세월이 지난 후 라반의 집에서 야반도주를 하여 마침내 얍복강에 도달한다. 이곳에서 그는 하나님의 사람을 만나 날이 새도록 씨름하는 중에 하나님의 사람이 야곱의 허벅지 관절(כַּף־יָרֵךְ, 카프 예레크)을 치신다. 원어의 뜻은 '깊숙한 곳'인데 이는 고관절 부분으로 생식기가 위치한 가장 중요하고 깊숙한 곳이다. 이곳을 치셨다는 뜻은 야곱이 지닌 육신의 깊숙한 '쓴 뿌리'를 치신 것이다. 즉 '자기 씨'로 이는 자기 계획이고 자기 생각이며 세상의 방법으로 해보려는 꾀와 술수였다. 마침내 하나님 앞에 매달린 가운데 악한 쓴 뿌리가 처리되는 순간이다. 이때 하나님은 야곱에게 '네가 이겼다'라고 말씀해 주신다. 즉 야곱의 옛 속성이 뽑혀지고 새사람이 되었다는 의미다. 하나님은 이렇게 변한 사람들을 데리고 하나님의 나라에서 영원히 함께 살고 싶어하신다. 얍복(יַבֹּק)강이라는 의미도 '비움'으로 놀라운 하나님의 섭리가 담겨 있음을 알 수 있다.

야곱의 이름을 마침내 이스라엘(יִשְׂרָאֵל)로 바꾸어주시는데 이는 '하나님이 다스리다'라는 뜻으로 자신의 생각대로 살아가던 꾀쟁이 야곱이 이제는 철저히 하나님의 뜻에 순종해 살아가는 자가 된 것이다. 자신의 생각이 얼마나 하찮은 것인가를 깨닫고 내려놓는데 20여 년이라는 세월이 걸렸다.

이스라엘의 열두 아들

야곱은 네 명의 부인을 통해 열두 아들을 낳는다. 훗날 이 아들들을 통해 이스라엘의 열두 지파가 이루어진다. 첫 부인은 라반의 큰 딸인 레아(לֵאָה)로 '들소'라는 뜻이며 둘째인 라헬(רָחֵל)은 '암양'이라는 뜻이다. 여종 두 명도 부인이 되는데 실바(זִלְפָּה)는 '물방울'이라는 의미이고 빌하(בִּלְהָה)는 '고민, 걱정'이라는 뜻이다.

아들들이 태어나는데 먼저 레아에게서 난 첫째 아들은 르우벤(רְאוּבֵן)으로 '아들을 보라'는 뜻이다. 둘째는 시므온(שִׁמְעוֹן)으로 '들음'이라는 뜻이다. 셋째는 레위(לֵוִי)로 '연합'이라는 뜻인데 그의 자손들은 백성들이 하나님과 연합할 수 있도록 제사장의 직분을 수행했다. 넷째는 유다(יְהוּדָה)로 '찬송'이라는 의미인데 그의 후손 중에서 찬송 받으실 메시아 예수가 오셨다.

라헬은 자신의 여종 빌하를 통해 아들을 낳게 한다. 그가 다섯째 아들인 단(דָּן)인데 '심판'이라는 뜻으로 단은 훗날 그의 잘못으로 인해 하나님 심판의 대상이 된다. 빌하가 낳은 여섯 째 아들은 납달리(נַפְתָּלִי)로 '씨름'이라는 뜻이다. 그러자 레아도 자기의 여종 실바를 통해 아들을 낳게 한다. 일곱째 아들인 갓(גָּד)은 '행운'이라는 뜻이다. 실바가 또 여덟째로 아셀(אָשֵׁר)을 낳는데 이는 '행복한 자'라는 뜻이다.

이때 레아가 다시 아들을 낳아 이름을 잇사갈(יִשָּׂשכָר)이라 한다. '보상이 있다'라는 뜻으로 아홉 번째 아들이다. 레아가 열 번째 아들을 낳고 이름을 스불론(זְבוּלוּן)이라 하였는데 이는 '높은 거주'라는 뜻이다.

마침내 라헬에게서도 아들이 태어난다. 열한 번째 아들인데 요셉(יוֹסֵף)으로 '하나님께서 더하실 것이다'라는 뜻이다. 요셉은 애굽의 총리가 되어 슬하에 둔 두 아들을 통해 두 지파 몫의 분량을 받는다. 훗날 라헬이 난산으로 인해 죽어가면서 낳은 아들이 베냐민(בִּנְיָמִין)인데 '오른손의 아들'이란 뜻으로 마지막 열두 번째 아들이다. 처음에는 라헬이 고통가운데서 그를 '슬픔의 아들'이란 의미인 베노니(בֶּן־אוֹנִי)라고 불렀으나 야곱이 베냐민이라 바꾼 것이다. 이는 '오른손의 아들'이란 뜻이다. 그러나 이름과는 달리 왼손을 잘 쓰는 자들이 되어 동족 간의 전쟁을 겪으며 결국은 작은 지파로 전락하며 말 그대로 슬픔의 아들인 베노니의 인생이 되고 만다. 우리 인생은 이렇게 베노니로 살 수도 있고 베냐민으로 살 수도 있다. 어떤 선택을 할 것인가?

유일하게 레아를 통해 딸 디나(דִּינָה)를 낳았는데 그 뜻은 '공의, 심판'이다.

룻과 오르바

룻기는 이사 가는 이야기로 시작한다. 베들레헴에서 모압 땅으로 한 가정이 이사를 간다. 흉년이 들었기 때문이다. 베들레헴(בֵּית לֶחֶם)은 '떡집'이라는 의미로 장차 예수가 이곳에서 태어난다. 진리가 있는 곳을 뜻하기 때문에 아무리 어려움이 있더라고 베들레헴을 떠나서는 안 되었다. 모압(מוֹאָב)은 '그의 아버지로부터'라는 뜻이다. 세상의 아비인 마귀를 지칭하는 것으로 엘리멜렉은 진리의 자리를 떠나서 세상의 아비가 주는 비진리의 자리로 간 것이다. 젖과 꿀이 있는 가나안 땅에 있어야 하는데 이방인의 땅으로 나간 것이다.

남편인 엘리멜렉(אֱלִימֶלֶךְ)은 '하나님은 왕이시다'라는 말이고 나오미(נָעֳמִי)는 '기쁨, 단'이라는 뜻이다. 두 아들 중 말론(מַחְלוֹן)은 '병약한'이며 기룐(כִּלְיוֹן)은 '낭비'라는 의미다. 모압 땅에서 나오미의 남편 엘리멜렉이 죽고 두 아들 말론과 기룐도 죽고 만다. 모압 땅으로 간 결과 모든 기쁨을 잃어버리고 말았다. 피폐해진 마음 상태를 보여주는 사건이다. 그렇지만 이런 고난을 통해 가난한 심령이 되어 가는 것이 하나님의 은혜요 전화위복의 열쇠가 될 수 있다.

> 그들이 소리를 높여 다시 울더니 오르바는 그의 시어머니에게 입맞추되 룻은 그를 붙좇았더라(룻 1:14)

두 며느리 중에서 한 명인 오르바(עָרְפָּה)는 '목덜미, 뒤통수'라는 뜻이고 다른 며느리인 룻(רוּת)은 '친구, 우정'이라는 의미다. 참 오묘하신 하나님의 섭리다. 등을 보이고 떠나간 여인이 오르바이고 시어미 나오미를 끝까지 붙잡고 따라오는 여인이 룻이니 말이다. 모압을 떠난 나오미와 며느리 룻, 두 여인이 마침내 고향인 베들레헴에 도착한다. 고향 사람들에게 나오미는 자신을 나오미가 아닌 마라라 블러 달라고 한다.(룻 1:20) 나오미라는 이름은 '기쁨, 단'이라는 뜻이다. 그러나 나오

우리 인생은 이렇게 베노니로 살 수도 있고 베냐민으로 살 수도 있다. 어떤 선택을 할 것인가?

미는 자신의 이름을 '마라'라 불러 달라고 한다. 마라(מָרָא)는 '괴로움, 쓴'이라는 말로 이제는 단 인생이 쓴 인생으로 바뀌었다는 것이다. 기쁨의 인생이 고통의 인생으로 되었다. 룻기의 결론은 다시 나오미의 이름을 회복하는 것으로 끝난다. 나오미를 따라 왔던 룻이 예수의 예표인 보아스를 만나고 그의 후손 중에서 다윗이 태어난다. 룻은 다윗의 증조모가 된다. 룻기는 두 여인의 아름다운 이야기이다.

출애굽 광야 여정

민수기 33장에는 이스라엘 백성들이 애굽을 탈출해 가나안 땅에 들어가기까지의 노정(路程)을 기록한다. 모두 마흔두 번 이동하는데 놀랍게도 이 숫자는 마태복음에 나오는 예수 그리스도의 계보 숫자와 일치한다. 참으로 놀라우신 하나님의 경륜이다.

이스라엘 백성들의 출발 장소인 애굽의 라암셋(רַעְמְסֵס)은 '라(애굽의 태양신)가 창조하였다'라는 뜻이다. 이는 이방신을 섬기는 자들의 현주소로 사탄의 종살이를 하는 자들의 삶이다. 창조주 하나님은 보지 못하고 피조물을 섬기던 자들이다. 이런 자들이 참 주인을 찾아가는 출애굽의 길이 곧 구원의 여정이다.

다음에 진을 친 곳은 아직 애굽 안에 있는 지역으로 숙곳(סכות)인데 '오두막, 움막'이란 뜻이다. 움막 같은 집에 사는 자들을 불러내어 하나님이 거하시는 거룩한 성전으로 만들려는 것이다. 왕이신 그리스도와 함께 왕궁에 사는 자들로 만들어 주시겠다는 약속이다.

마라(מָרָה)는 백성들이 목이 말라 물을 찾던 중 만난 우물이지만 써서 마실 수 없었다. 그때 나뭇가지를 물에 던지자 물이 달게 된다. '마라'는 '쓴'이란 뜻으로 쓰디쓴 인생을 달게 만들어 주시겠다는 약속이다. 물론 물에 던진 나무는 그리스도의 십자가를 보여준다. 이 십자가가 우리 안으로 들어와서 우리 안에 있는 정욕과 탐심을 못 박아 갈 때 자족의 능력이 생기게 된다. 그래서 사도 바울은 십자가의 도가 믿는 자들에게 능력이라고 했다.

마라를 떠나 도착한 엘림(אֵילִם)은 '수양, 기둥, 강한 자, 상수리나무'란 뜻이다. 이는 수양처럼 가치 있는 자와 기둥 같은 자가 될 것을 말한다. 수양의 붉게 물들인 가죽은 성막의 덮개로 사용되었다. 이렇게 마라와 같이 쓴 연단의 여정을 통과해야만 엘림에 도달한다. 엘림에 있는 샘물 열둘과 종려나무 칠십 그루가 바로 이런 의미인데 장성한 자가 되어 풍성한 누림 속에 살아가는 자들의 모습이다.

또 다른 장소인 르비딤(רְפִידִים)은 '쉬는 장소, 기운을 차리는 곳'이라는 뜻이다. 이곳은 마실 물이 없을 때 반석에서 물을 내신 곳이다. 반석은 그리스도를 뜻하는데 우리가 영혼의 기갈 가운데 피폐해져 있을 때 그리스도는 우리에게 생명수가 되어 원

> 끊임없이 우리를 찔러대는 악한 속성이 있지만 다 빠져나가고 나면 신성한 장소가 된다.

기를 회복시켜 주신다. 인생의 여정 속에서 르비딤이 있기에 고난을 견딜 수 있는 것이다. 하나님은 피할 길을 예비해 주신다.

시내 광야를 떠나 도착한 기브롯 핫다아와는 '무덤'이란 뜻의 기브롯(קִבְרֹת)과 '욕구, 욕망'이라는 뜻의 핫다아와(הַתַּאֲוָה)의 합성어로 '욕망의 무덤'이란 의미다. 이곳에서 이스라엘 백성들은 육신의 욕망을 이기지 못하고 애굽의 음식인 고기를 구한다. 생선과 오이와 부추와 파와 마늘도 구했는데 다 스테미너 음식이다. 애굽에서 광야로 불러내신 것은 애굽의 속성을 빼내기 위한 것이었다. 만나를 주시는 것도 음식이 체질을 바꾸듯이 애굽에서 배운 세상 가르침을 뽑아내기 위한 것이었다. 하나님의 말씀을 통해 생각과 마음을 바꿔주시려는데 애굽의 음식을 다시 달라는 것이다. 애굽에서 듣던 기복적인 설교로 다시 돌아가겠다는 것이다. 겉사람의 기력이 빠져야 속사람이 강해지는 법인데 겉사람을 다시 강화시키려 한다. 분노하신 하나님께서 바다에서 보낸 메추라기를 먹지만 곧 많은 사람들이 죽는다. 바다에서 왔다는 의미는 세상으로부터 온 비진리를 뜻하는 것으로 교회 안으로 들어온 누룩을 말한다. 이때 죽은 사람들로 큰 무덤을 만든다. 우리 신앙의 여정에 이런 무덤이 곳곳에 있어야 한다. 욕심을 십자가에 못박는 무덤이다. 날마다 죽노라 한 사도 바울은 날마다 무덤을 만들어가는 사람이었다.

또 신 광야에서 진을 친 곳은 가데스다. 신(צִן)은 '찌름, 울퉁불퉁한 바위'라는 뜻이고 가데스(קָדֵשׁ)는 '신성한 곳'이라는 뜻이다. 여기서 여러 가지 사건이 벌어진다. 가나안 땅에 보냈던 대부분의 정탐꾼들이 하나님께서 주시겠다고 약속하신 가나안 땅을 악평한다. 하나님은 우리 안에 옥토를 만들어 열매를 맺게 하여 주고 싶어 하셨지만 백성들이 미리 포기하고 만 것이다. 이것이 바로 하나님의 아픔인 동시에 분노의 이유가 되었다. 이로 인해 38년을 광야에서 돌게 하신다. 고난 가운데서 악한 속성들을 빼어내라는 것이다. 이러한 열등감과 패배의식 역시 애굽의 속성이기 때문이다. 이것이 신 광야이자 가데스의 상황이다. 끊임없이 우리를 찔러대는 악한 속성이 있지만 다 빠져나가고 나면 신성한 장소가 된다. 고난의 십자가 후에 부활의 영광이 있는 것과 같다.

아론이 죽은 장소인 호르(הֹר)는 '산'이라는 뜻이다. 호르산은 결국 '산의 산'이라는 의미다. 모세와 함께 이스라엘 백성들을 애굽에서 인도해 낸 아론은 모세의 입에 담아주신 하나님의 말씀을 대언한 사람이다. 높은 산으로 멀리 하나님의 영원한 섭리를 내다보는 산이다. 신앙 여정의 끝에는 이렇게 높은 산이 기다리고 있다. 하나님과 교통한 모세가 올라 십계명을 받은 높은 산이다. 예수가 오르셨던 변화산이다. 계시록 21장에서는 새 예루살렘이 내려오는 높은 산이 나온다.

광야 여정의 마지막 마흔두 번째 장소는 모압 평지이다. 기필코 들어가야 하는 가나안 땅을 눈앞에 두고 있는 곳이다. 모세는 여기서 죽는다. 신명기는 가나안 땅에 들어가기 전에 모세가 했던 몇 차례의 고별설교이다. 백성들에게 지난날들을 돌아보며 끝까지 가나안 땅으로 들어가라는 당부다. 들어가서도 하나님의 말씀을 순종하여 약속하신 복을 누리며 살라는 간곡한 부탁이다.

모압(מוֹאָב)은 '그의 아버지로부터'라는 뜻이다. 이곳이 최종적인 목표가 아닐진대 여기서 언급한 아버지는 누구일까? 모압은 롯의 딸에게서 낳은 아들로 분명 잘못된 관계 속에서 얻은 아들이다. 이곳이 안주할 곳은 아니라는 것을 알아야 한다. 다 온 것 같지만 아직 가야 할 곳이 남은 것이다. 주님과 하나 될 때까지 아직 가야 한다. 임마누엘의 그리스도와 하나 될 때까지 멈추어 선 안 된다. 아바림(עֲבָרִים)이라는 뜻도 '저쪽 너머 지역, 건너편 지역'이고 보면 가야 할 곳이 아직 남았다는 사실을 명심해야 한다. 우리 역시 주님의 십자가가 세워진 골고다까지 평생에 다함이 없는 여정을 잘 걸어가야 한다.

가나안 일곱 족속

가나안 땅은 이스라엘 백성에게겐 특별한 곳으로 오래전부터 아브라함에게 약속하시며 가라고 하신 땅이다. 가나안(כְּנַעַן)은 '상인, 무역상, 낮추어진'이라는 뜻이다. 즉 장사하는 곳으로 옛 것을 팔고 새것을 사는 곳이다. 이런 과정을 통해 겸손하게 낮아진 사람이 되가는 것이다. 결국 교회를 의미한다. 성경에는 '장터의 동무'(마 11:16)와 '장터의 품꾼'(마 20:3) 이야기가 나오는 이유이다.

우리 하나님 여호와께서 호렙 산에서 우리에게 말씀하여 이르시기를 너희가 이 산에 거주한 지 오래니 방향을 돌려 행진하여 아모리 족속의 산지로 가고 그 근방 곳곳으로 가고 아라바와 산지와 평지와 네겝과 해변과 가나안 족속의 땅과 레바논과 큰 강 유브라데까지 가라(신 1:6~7)

가나안 땅의 지명은 신앙의 여정을 잘 보여준다. 호렙(חֹרֵב)은 '황폐한 지역'이라는 뜻으로 길가 밭과 같이 황폐한 마음을 의미한다. 하나님은 이곳을 떠나가라고 하신다. 아모리(אֱמֹרִי)는 '말하는 자'라는 뜻으로 세상의 말에는 유능하나 정작 진리에 대해서 부족한 상태를 의미한다. 아라바(עֲרָבָה)는 '황량한 평지'를 말하는데 가시나무와 엉겅퀴가 자라는 마음 상태다. 평지(שְׁפֵלָה, 세펠라)는 '저지대, 낮은 지대'란 뜻으로 점차 낮은 마음의 상태가 되어가는 모습을 보여준다. 이렇게 낮고 가난한 마음에 그리스도가 들어오신다. 남방의 사막지대인 네겝(נֶגֶב)은 '마른 땅'이라는 이미 가나안 일곱 족속이 터 잡고 사는 곳이기에 싸워서 정복해야 한다. 야베스의 기도가 바로 이렇게 기도로 하나님의 나라와 의를 구하는 간구다.

뜻으로 하늘에서 내리는 비를 흡수하는 땅을 말한다. 해변(חוף, 호프)은 '바닷가'로 바다는 세상을 의미한다. 이렇게 죽어있는 것들이 점차 산 자가 되어간다. 레바논(לְבָנוֹן)은 '흰 산'이라는 뜻으로 더러움을 씻어내고 거룩한 세마포 입은 자들이 되어간다. 큰 강 유브라데(פְּרָת)는 마지막 도달해야 하는 곳으로 '열매'라는 의미다. 이제는 거룩한 열매를 맺는 자들이 된 것이다. 생명수 강가에서 달마다 새롭게 열리는 열매를 따는 자들로 에덴동산이 회복된 자이다.

이렇게 가나안 땅을 정복해가라 하신다. 이미 가나안 일곱 족속이 터 잡고 사는 곳이기에 싸워서 정복해야 한다. 야베스의 기도가 바로 이렇게 기도로 하나님의 나라와 의를 구하는 간구다.(대상 4:10) 또한 아주 익숙한 욥기서의 말씀도 바로 우리 안에 있는 가나안 지경을 넓혀가라는 당부다.(욥 8:7) 이런 말씀을 단지 사업장의 확장을 위해 사용하는 것은 진리의 왜곡이다. 더 중요한 본질은 보지 못하고 글자만 보는 영적인 맹인과 같다.

가나안 '일곱 족속'(출 3:8)에는 어떤 의미를 찾아볼 수 있을까? 먼저 가나안(כְּנַעֲנִי) 족속은 '상인, 무역상'으로 세상의 재물을 향한 욕심이다. 헷(חִתִּי)은 '두렵게 하다, 넘어트리다'라는 뜻으로 다른 사람을 넘어트리거나 두렵게 하는 악한 속성이다. 아모리(אֱמֹרִי)는 '평판, 탁월'이라는 의미로 어근은 אמר(아마르)로 '말하다'이다. 즉 그럴듯한 말로 진리를 가감 왜곡해 미혹하는 속성이다. 브리스(פְּרִזִּי)는 '두목'이라는 뜻으로 다른 사람들 위에 군림하려고 하는 속성이다. 히위(חִוִּי)는 '보이다'라는 뜻으로 밖을 그럴듯하게 포장하는 외식하는 속성이다. 여부스(בוּסִי)는 '밟힌, 타작마당'의 뜻으로 열등감과 절망감 속에서 살아가는 자들의 속성이다. 마지막 기르가스(גִּרְגָּשִׁי)는 '목구멍'이라는 뜻으로 먹거리가 주된 관심사인 세상 사람들의 속성이다. 예수는 오셔서 이 가나안 일곱 족속의 정체를 드러내 주셨다.

이에 가서 저보다 더 악한 귀신 일곱을 데리고 들어가서 거하니 그 사람의 나중 형편이 전보다 더욱 심하게 되느니라 이 악한 세대가 또한 이렇게 되리라(마 12:45)

결국 가나안 일곱 족속은 귀신들인 악한 영이라 하신다. 우리가 가야 하는 가나안 땅은 보이는 땅이 아닌 마음의 땅이기에 이들은 우리 안에 있는 영적인 존재들로 볼 수 있다. 오래전부터 잡고 사는 자들로 일곱이라는 수(數) 역시 우리 안에 충만하게 자리 잡고 있음을 뜻한다.

신약성경 속 지명

베들레헴

베들레헴은 예수가 태어난 곳이다. 갈릴리 지방 나사렛에 사는 요셉과 마리아가 인구조사를 위해 고향 땅으로 오게 된다. 베들레헴이 고향인 다윗의 후손으로 예수가 오셨기 때문이다. 마침 해산일이 차서 이곳에서 태어나 구유통에 뉘이신다. 베들레헴(בֵּית־לֶחֶם)은 '떡'이라는 뜻의 לֶחֶם(레헴)과 '집'이라는 뜻의 בַּיִת(베이트)의 합성어로 '떡 집'이다. 예수는 스스로를 '생명의 떡'이라고 하셨다. 이스라엘 백성들은 광야 40년 동안 하늘에서 내려준 만나를 먹었는데 이 만나의 실체이신 예수가 생명의 떡으로 오신 것이다. 육체의 양식이 아닌 영혼의 양식으로 오셨다.

무슨 음식을 먹는가에 따라 몸의 체질이 달라지듯 어떤 영혼의 양식을 먹는가에 따라 영혼의 상태가 달라진다. 몸의 건강은 순간이지만 영혼의 건강은 영원을 결정짓는 것이다. 어둠의 나락으로 떨어질 것인가 아니면 하나님의 나라로 옮겨갈 것인가는 정말 크나큰 차이다. 예수는 우리를 사람 만드시려고 오신 하늘의 양식이다. 짐승의 형상으로 전락한 자들을 하나님의 형상으로 바꾸어 주려고 오셨다. 그래서 짐승의 먹이통인 구유(φάτνη, 파트네)에 뉘이신 것이다. 여물통 속 먹거리로 오셔서 '짐승들아 날 먹고 사람이 되어봐' 하신다.

하나님은 예수가 베들레헴에 나실 것을 이미 오래전에 미가 선지자를 통해 말씀하시면서 '베들레헴 에브라다'라고 하신다. 에브라다(אֶפְרָת)는 '열매를 맺음'이란 뜻이다. 신자는 베들레헴에서 나신 예수의 가르침을 영혼의 양식으로 삼아 먹고 마실 때 열매를 맺을 수 있다. 당시 이스라엘 백성들은 열매가 없는 자들로 겉으로 보기에는 경건하게 보였지만 내면은 비천하기 이를 데 없었다. 비록 종교적 스펙이 화려해도 경건의 능력이 없는 것이다. 이러한 외식을 예수는 가장 엄하게 질책한다. 맹인이 되어 진리를 보지 못하니 초보적 윤리와 종교행위에 머물고 말았다. 하나님은 마음 안에서 맺어지는 성령의 열매를 받으시는 분이다.

나사렛

베들레헴에서 나신 예수는 나사렛(Ναζαρέθ) 동네에 가서 사신다. 나사렛이란 뜻은 이미 이사야서에 언급된다.

> 이새의 줄기에서 한 싹이 나며 그 뿌리에서 한 가지가 나서 결실할 것이요(사 11:1)

여기서 '한 가지'에 쓰인 히브리어는 נֵצֶר(네체르)로 '새싹, 새로 나온 가지'를 뜻한다. 마치 겨울이 지나고 봄에 생명의 움이 돋아나듯이 죽었던 우리 영혼을 싹틔우러 오실 메시아에 대한 예언이다. 이 단어는 헬라어의 '나사렛'과 같은 뜻이다. 예수가 나사렛에 가셔서 사신 사건은 성경을 응하게 할 뿐 아니라 우리에게 이루고자 하시는 섭리까지 보여준다. 또한 이 단어의 어근은 נצר(나차르)로 '보존하다, 감추다'라는 뜻이 있다. 즉 오래전부터 감추어졌던 예수가 때가 되어 나타나셨다는 뜻이다. 모세의 율법 속에 감춰진 채 보존되온 진리가 마침내 우리 앞에 드러난 것이다.

> 이 비밀은 만세와 만대로부터 감추어졌던 것인데 이제는 그의 성도들에게 나타났고 하나님이 그들로 하여금 이 비밀의 영광이 이방인 가운데 얼마나 풍성한지를 알게 하려 하심이라 이 비밀은 너희 안에 계신 그리스도시니 곧 영광의 소망이니라(골 1:26~27)

예루살렘

예수는 예루살렘에 몇 차례 올라가셨다. 유대의 남자들은 유월절 등 명절에 의무적으로 올라가야 했는데 마지막 십자가에 달리시기 전에도 예루살렘에서 일주일을 보내신다. 예루살렘은 예수의 주 활동 무대였다.

예루살렘(יְרוּשָׁלַיִם)은 평강을 뜻하는 שלם(살렘)과 성을 뜻하는 ירוּאֵל(예루엘)의 합성어로 '평강의 성'이란 뜻이다. 예수가 평강의 왕이라는 말은 예루살렘의 왕이란 뜻이다. 마침내 이 예루살렘은 밖의 예루살렘이 아닌 우리 안에 들어온 성이 된다. 성의 주인인 그리스도가 우리 안에 오셨기 때문이다. 예수가 예루살렘에 들어가실 때 성을 보며 우는 장면이 나온다.

> 가까이 오사 성을 보시고 우시며 이르시되 너도 오늘 평화에 관한 일을 알았더라면 좋을 뻔하였거니와 지금 네 눈에 숨겨졌도다 (눅 19:41~42)

예루살렘은 기원후 70년에 유다의 반란을 진압하는 로마군에 의해 무참하게 파괴된다. 당시 지휘관이었던 티토 장군은 예루살렘 성벽보다 더 높은 망루를 쌓아 성을 무너트린다. 이런 패망의 순간에도 하나님의 성전은 안전할 거란 믿음 하에 사두개인을 비롯한 많은 유대인이 성전으로 다 모였다. 이때 성전에 불이 나면서 성전의 집기들이 불에 타고 금으로 만든 것들이 다 녹아 돌 틈으로 들어간다. 그러자 전리품을 하나라도 더 차지하려는 병사들이 성전의 돌들을 다 파헤친다. 그야말로 예수의 말씀대로 돌 하나 돌 위에 남기지 않고 다 폐허가 되고 만다.

여기서 단지 이 역사적인 사건만 보는 데 그쳐서는 안 된다. 예수의 눈물 속에는 더 본질적인 아픔이 있다는 것을 기억해야 한다. '평화에 관한 일'이 아직은 숨겨졌다고 하신다. 어디에 숨겨져 있다는 말씀일까? 평강의 왕이신 그리스도가 오셔야 이루어지는 마음속의 평강을 지칭하는 것이다. 그런 평강이 이 땅에서 선취해야할 참 행복인데 이 평강을 잃어버렸다는 말씀이다. 평강의 성인 예루살렘을 잃어버린 자들이 된 것이다. 비록 밖으로 보이는 예루살렘은 다시 건축할 수 있지만 정작 본질적인 안의 예루살렘은 그리스도를 모신 자들에게만 세워질 수 있다. 이것이 바로 마음속 하늘에 있는 예루살렘이다. 예수의 눈물은 평강을 모르고 욕심에 사로잡혀 염려와 근심, 두려움 속에 살아가는 인생들을 향한 안타까움을 잘 보여준다. 우리 안의 황폐화 된 예루살렘을 보시고 흘리시는 눈물이다.

겟세마네

겟세마네는 예수가 잡히시기 전날 이마의 땀방울이 핏방울 되도록 기도하신 곳이다. 겟세마네(Γεθσημανει)는 '포도주 틀'을 뜻하는 גַּת(가트)와 '기름'을 뜻하는 שֶׁמֶן(셰멘)의 합성어이다. 즉 '기름 틀'이라는 의미인데 감람나무 열매가 기름이 되기 위해서는 이런 틀을 통과해야 된다. 이렇게 예수는 기름 부음을 받은 그리스도가 되기 위해 틀 속에 들어가신다. 이는 십자가의 틀을 통과하는 육이 죽어 영으로 부활하는 여정이다. 그래서 예수는 죽는 것이 제자들에게 유익이라고 하신 것이다. 몸을 벗으시고 우리에게 기름을 부어주시기 위함이었다. 오순절 성령 강림이 바로 그 약속하신 기름 부음의 날로 그리스도가 우리 안으로 임하는 참으로 복된 날이다. 우주의 주인이 이 땅에 오신 것만으로도 놀라운 일인데 우리 안의 어둡고 더러운 곳으로 비집고 들어오시다니 참으로 감당키 어려운 사랑이며 놀라운 섭리다.

또한 겟세마네는 기름 틀이면서 포도주 틀이다. 새 포도주를 주시려는 것이다. 예수는 새 부대에는 새 포도주를 담으라 하시면서 스스로 부대 속에 담을 새 포도주로 오신 것이다. 이는 수건이 벗겨진 새 언약의 말씀으로 사탄의 진영을 무너트릴 수 있는 양날 가진 검이다. 예수는 우리에게 새 포도주를 주실 뿐 아니라 마침내 우리 안에 맺어질 평강과 희락의 열매를 드시고 싶으신 것이다. 우리에게 오셔서 함께 먹고 마시리라 약속하신 그 약속이 이루어지게 하신다.

> 그러나 너희에게 이르노니 내가 포도나무에서 난 것을 이제부터 내 아버지의 나라에서 새것으로 너희와 함께 마시는 날까지 마시지 아니하리라 하시니라(마 26:29)

골고다

골고다(Γολγοθα)는 '해골, 두개골'이라는 뜻으로 예수가 십자가에 달리신 곳이다. 히브리어는 גֻּלְגֹּלֶת(굴골레트)이다.

> 한 여인이 맷돌 윗짝을 아비멜렉의 머리 위에 내려던져 그 두골을 깨뜨리니(삿 9:53)

기드온의 아들인 아비멜렉은 아버지의 후광을 업고 왕으로 군림하기 위해 다른 형제들 70명을 한순간에 죽인다. 그는 백성을 괴롭힐 뿐 아니라 반대자들에게는 철저히 복수한다. 아비멜

골고다 언덕에 승리의 깃발이 세워지는 순간이다. 이처럼 우리가 치르는 영적전쟁은 머리가 박살나 '두개골'이 된 패잔병들과의 전쟁이다.

렉이 세겜 망대의 사람들과 전쟁할 때였다. 곧 세겜망대 사람들이 점령당하여 다 도륙당할 순간에 한 여인이 망대 위에서 던진 맷돌이 아비멜렉의 머리에 떨어져 그의 머리가 박살난다. 이 '두골'에 쓰인 단어가 바로 '골고다'이다. 블레셋과의 전쟁에서 죽은 사울왕의 머리를 언급한 단어도 이 단어다.(대상 10:10)

창세기 3장에는 여자의 후손이 사탄의 머리를 상하게 할 것이라는 기록이 있다. 여기서 사용된 머리의 단어는 ראש(로쉬)로 살아있는 자의 '머리'를 뜻한다. 결국엔 골고다 위에서 그 사탄의 머리가 깨어짐으로 결국 גֻּלְגֹּלֶת(굴골레트), '두개골'이 된다. 드디어 언약의 말씀이 응하여 골고다 언덕에 승리의 깃발이 세워지는 순간이다. 이처럼 우리가 치르는 영적전쟁은 머리가 박살나 '두개골'이 된 패잔병들과의 전쟁이다. 이미 지휘본부는 파괴되었기에 남은 잔적들만 소탕하면 된다. 승리하신 그리스도가 지휘관 되어 함께 싸워주시는 전쟁이기에 그것도 겁낼 것이 없다.

갈릴리

부활 후에 예수는 갈릴리로 가시며 제자들에게 갈릴리로 오라 하신다. 갈릴리(גָּלִיל)는 '원, 순회'라는 뜻인데 גלל(갈랄)이 어근으로 '굴러가다, 옮기다, 떠나가다'라는 뜻이다. 이처럼 갈릴리는 '원처럼 굴러서 떠나간다'는 의미다. 이 단어는 여호수아서에 나오는 '길갈'(수 5:9)과 같은 뜻이다. 자유인으로 살아야 하는데 바로의 종노릇을 한 수치를 떠나게 한 것이다. 어둠의 영들이 시키는 대로 탐욕을 붙잡고 살았고 저들이 조종하는 대로 정욕에 붙들리어 살아간 지난날들이 참으로 수치스럽다. 참 아버지를 아버지로 알지도 못하고 부르지도 못하고 거짓 아비인 마귀를 섬기고 살아온 지난날들이 서글프고 부끄럽다. 이런 수치를 물러가게 해주신 것이다.

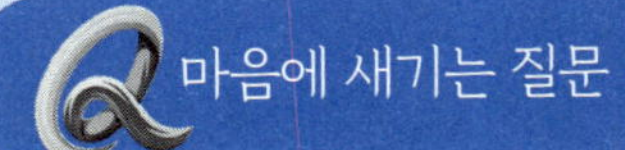

1. 아브람과 사래의 이름을 아브라함과 사라로 바꾸어 주시는데 이름 뒤에 붙여주신 히브리어 알파벳에 담긴 뜻은 무엇인가?

2. 야곱의 이름이 이스라엘로 바뀐 여정을 설명해보자.

3. 룻과 오르바 이름은 무슨 뜻이며 삶은 어떤 차이가 있는지 이야기해보자.

4. 예수가 이 땅에서 머물렀던 장소에 붙여진 지명에는 어떤 의미가 담겨 있는가?

숫자 속에 감춰진 진리

하나, 오직 한분 하나님의 수

이스라엘아 들으라 우리 하나님 여호와는 오직 하나인 여호와시니 (신 6:4)

'하나'의 히브리어 אֶחָד(에하드)의 어근은 אחד(아하드)인데 이는 '연합하다, 함께 모이다'라는 뜻이다. '하나님'은 히브리어 אֱלֹהִים(엘로힘)으로 '신들'이라는 복수형이다. 그러나 실상 여러 신을 의미하는 것이 아니고 하나님의 다양한 속성을 드러내는 것이다. 이는 크게 지혜와 사랑의 두 속성으로 예수가 이 땅에 오셨을 때도 '은혜와 진리'의 두 속성을 말씀하셨다. 이런 이유로 복수의 형태이나 한 분 하나님이시기에 뒤따라오는 동사는 단수 형태이다. 이처럼 하나님은 오직 한 분이라는 것이 가장 중요한 진리이다. 오직 한 분이신 하나님이 아니면 사고와 이해력 자체가 혼돈에 빠질 수밖에 없기 때문이다. 머리가 하나이듯이 오직 한 분으로 인한 질서가 하나님의 섭리임을 결코 잊어서는 안 된다.

여호와께서 천하의 왕이 되시리니 그 날에는 여호와께서 홀로 하나이실 것이요 그 이름이 홀로 하나이실 것이며(슥 14:9)

메시아에 대한 스가랴서 예언처럼 여호와께서 이 땅에 왕으로 오심도 하나님 스스로 인간의 몸을 입고 오신 것이다. 이것이 성육신이다. 여호와 하나님은 오직 한 분이시라는 놀라운 선포이다. 이와같이 한 아버지가 이 땅에 오셨기에 예수는 아버지를 보여 달라는 제자들에게 '내가 이렇게 너희와 함께 있음에도 아버지를 보여 달라고 하느냐' 하시며 '나를 본 자는 아버지를 보았다'고 하셨다. 아버지의 모든 것을 몸 안에 지니시고 오신 분이 예수이시다.

둘, 반복의 수

'둘'은 히브리어로 שְׁנַיִם(셰나임)인데 어근은 שָׁנָה(샤나)로 '반복하다, 교환하다. 바꾸다'라는 뜻이다. 이처럼 둘에는 '반복함으로 변화를 이루어간다'는 의미가 들어있다. 요셉도 꿈을 두 번 반복해서 꾸고 바로도 같은 꿈을 반복하여 두 번 꾼다. 이렇게 둘이라는 의미 속에는 반복함으로 새로운 것을 마음속에 각인한다는 의미가 있다. 창조의 넷째 날에 나오는 광명체도 둘이다. 이 광명체는 우리의 마음 땅을 비추는 진리의 빛으로 땅을 비추는 해와 달을 빗대어 진리를 말씀하신 것이다. 진리의 빛을 비추고 또 비추어 새사람으로 만들어 가라는 말씀이다.

증거궤는 말씀의 돌판이 들어있는 곳으로 그 위에 조각된 그룹도 둘이다. 이는 훗날 변화산상에서 나타난 모세와 엘리야를 뜻하는데 언젠가 그리스도로 인해 진리가 드러날 것임을 보여준다. 그 안의 돌판도 둘이다. 그런데 작은 글씨로 쓰면 하나에 다 쓸 수 있어 간수하기도 편하지 않았을까? 이는 반복하고 반복하여 진리로 새사람이 되라는 뜻이다. 새사람은 한번으로 완성되는 존재가 아님을 아셨기 때문이다. 모질고 악한 속성을 빼내는 것이 그토록 힘들다는 것을 알려주신다. 신앙의 여정은 우리 안에 깊이 뿌리박은 악한 가나안 일곱 족속과의 전쟁이기 때문이다.

성전의 기둥인 야긴과 보아스도 둘이다. 이제 우리 안에 있는 마음의 성전(왕상 7:21)은 진리의 말씀으로 세워지는 것이다. 매일 매일 받아들이는 영의 양식을 통해 든든하게 세워가야 한다.

요한복음 8장에는 간음한 여인의 이야기가 나온다. 사람들이 간음한 여인을 데리고 와서 돌로 치려고 한다. 하지만 예수는 이미 이들의 음흉한 마음을 아셨다. 만약 돌로 치라고 하면 사랑이 없다 할 것이고 치지 말라 하면 모세의 율법을 따르지 않는다고 고소할 참이었다. 이때 예수는 땅에 뭔가를 쓰시는데 그것도 두 번을 쓰신다. 그러자 사람들이 하나둘 어른들로 시작해 젊은이들에 이르기까지 다 떠나간다. 이는 우리의 마음 땅에 쓰시는 것을 뜻한다. 그래야 양심이 회복될 테니 말이다. 예수는 그 한 여인뿐만이 아니고 그곳에 있는 모두가 간음한 자라고 쓰셨을 것이다. 중요한 것은 마음속에서 일어나는 간음이다. 더 나아가 그리스도로 인한 진리 외에 세상의 비진리를 받아들인 간음자라고 말하신다. 이를 깨달은 자들이 먼저 돌을 놓은 것이다. 진리의 말씀이 우리의 마음 판에 새겨지면 이렇게 다른 사람을 향해 들었던 돌을 내려놓게 된다. 자신이 바로 어둠이고 죄인이라는 것을 알게 되기 때문이다.

베드로를 회개로 이끈 닭 울음소리도 두 번이다.(막 14:72) 양심이 회복되기 위해서는 역시 반복이 필요하다. 우선은 말씀의 반복이다. 다음은 그 새겨진 말씀을 붙잡고 지속적으로 기도해야 한다. 거룩함에 이르기 위해서 필요한 두 가지 역시 '말씀과 기도'다.

셋, 완전수

'셋'은 שלוש(샬로쉬)로 어근인 살롬(שלום)으로 이루어진 단어이다. 히브리어는 뜻글자로 글자의 활용을 살펴보면 단어가 담고 있는 뜻을 이해할 수 있다. 살롬은 '평화, 번영, 건강, 행복, 완전'이라는 뜻들을 포함하고 있어 인사할 때도 사용한다. 무엇보다 예수는 '평강의 왕'으로 오신 분이시기에 셋이라는 שלוש(샬로쉬)는 평강의 왕이신 그리스도로부터의 평강은 물론 번영과 건강, 행복과 완전함이 있는 상태를 뜻한다. 곧 생명이 충만한 상태라고 할 수 있다.

삼백, 삼십, 삼으로 이어지는 방주의 구조도 이런 맥락에서 볼 수 있다. 이는 방주로 오신 예수 그리스도를 통한 완전한 구원을 드러낸다. 이스라엘의 남자들은 매년 세 번의 절기인 유월절과

맥추절, 수장절을 지켜야 했다. 예수가 오셔서 이 절기를 모두 완성하신다. 유월절 어린양으로 오셔서 구속의 길을 열어놓으셨을 뿐 아니라 부활의 첫 열매가 되심으로 맥추절을 이루셨고 마침내 첫 열매이신 그리스도가 우리 안에 오심으로 수장절을 완성하신다.

진리의 말씀이 우리의 마음 판에 새겨지면 이렇게 다른 사람을 향해 들었던 돌을 내려놓게 된다.

에스겔 41장엔 환상 중에 본 성전의 골방 모습이 기록되어 있다. 성전의 입구를 제외한 삼면에 만들어진 골방은 삼 층으로 그 합이 삼십이었다. 이는 성전의 실체이신 그리스도의 완전하심을 의미한다. 성막을 세 구역, 즉 성전의 뜰과 성소, 지성소로 구별하는 것도 성전이신 그리스도의 완전하심을 뜻한다. 요셉이 애굽의 총리가 된 나이가 삼십인데 이는 완전하게 준비되었음을 뜻한다. 예수 그리스도의 예표로 온 다윗도 삼십에 왕이 된다. 물론 예수도 삼십에 공생애를 시작하신다.

둘과 셋이 한 문장에서 나오는 '두세 사람이 모인 곳에 하나님이 함께하신다'(마 18:20)라는 기록도 있다. 이 말씀 역시 단지 수나 양을 의미하는 것이 아니다. 하나님은 보이는 숫자의 많고 적음에 영향을 받으시는 분이 아니기 때문이다. 소돔을 위해 열 명이면 충분하다고 하셨고 예레미야 선지자에게는 한 명이라도 있다면 예루살렘을 용서하시겠다고 하셨다. 이런 하나님이 왜

꼭 둘과 셋으로 한정하실까? 둘은 반복을 통해 옛것을 버리고 새것을 받아들이는 사람으로 자신이 어둠임을 깨달은 가난한 심령의 사람을 말한다. 셋은 완전함에 이른 자다. 곧 완전한 생명으로 오신 그리스도로부터 공급되는 떡을 먹는 자이다. 이런 자들과 하나님이 함께하신다. 아무리 수천수만의 사람들이 모여 있어도 하나님이 함께하지 않을 수 있다. 반면에 당신의 마음에 합한 자가 단 한 사람이 있더라도 충만하게 임재하시는 분이 바로 우리 주님이시다.

넷, 땅의 수

'넷'은 אַרְבַּע(아르바)로 רבע(라바)에서 유래하였는데 이는 '사면, 네모'라는 뜻이다. 에덴동산에서 발원하는 강도 넷인데 이는 땅의 네 방향, 즉 동서남북의 네 면을 가리킨다. 이처럼 넷은 땅의 수다. 하나님이 아브라함에게 사백년을 이방 나라인 애굽에서 종살이할 것이라고 말씀하신다. 이는 고난을 받을 것을 뜻하는데 애굽의 삶 자체가 고난의 기간이기 때문이다. 욕심이라는 미끼에 의해 사탄의 종으로 붙잡혀 만족함이 없이 염려와 두려움 속에 살아가는 기간이다. 이처럼 사백 년은 고난을 뜻하는 '넷'이 충만하다는 의미다.

모세는 사십이라는 숫자의 전형을 보여주는 삶을 산다. 애굽에서 사십 년, 그리고 미디안 광야에서 사십 년을 보낸 그가 이스라엘의 지도자가 된다. 고난의 여정을 통과한 사람이다. 또 시내산에 사십 일을 머무는데 이는 십계명의 돌판을 기록하는 데 걸리는 시간이다. 하나님의 능력이라면 하루 이틀로 충분하지 않았을까? 아니 순간에 하실 수도 있으셨다. 그런데도 사십 일을 채우시는 이유는 우리 가슴 판에 진리의 말씀이 새겨지기까지 고난의 여정이 있음을 알려주신다. 이스라엘 백성들은 광야에서 사십 년을 지낸다. 실상 몇 주면 갈 수 있는 거리를 그렇게 돌게 하시는데 이는 이들 속에 있는 애굽에서의 노예근성을 빼내기 위한 기간이었다. 이처럼 우리에게 광야의 고난이 필요하다.

니느웨에 도달한 요나는 40일이 지나면 성이 무너질 것이라고 선포한다. 니느웨는 실상 무너져야 하는 대상이다. 우리 안에 있는 니느웨 같은 악한 속성들이 무너지기 위해서는 이런 사십 일의 회개 여정이 필요하다. 이 땅에서의 신앙의 여정이 곧 십자가의 길임을 알 수 있다. 예수도 광야로 나가시는데 이는 애굽에서 나온 자는 반드시 광야의 여정을 거쳐야 함을 보여주신다. 예수는 광야에서 사십 일을 머문다. 실상 그렇게 하시지 않으셔도 될 죄 없으신 분이 그 길을 가신 것이다. 구원의 길로 이끄시려는 하나님의 놀라운 사랑이다.

다섯, 군대의 수

'다섯'은 חָמֵשׁ(하메쉬)로 '살찐, 숙련된, 무장한'이란 뜻이 있다.

하나님은 '다섯이 백을 쫓는다'(레 26:8) 하시며 원수들과의 싸움에서 대승할 것을 말씀하신다. 다섯이 백을 쫓는 능력에서 다섯은 군인같이 잘 연단된 자들을 뜻한다.

다윗이 골리앗과 싸울 때 '물매 돌 다섯'을 가지고 가는데 이는 그가 전쟁에 능한 사람임을 보여준다. 마침 이스라엘과 싸우는 블레셋도 다섯 방백이다. 물론 블레셋의 다섯 방백도 저들 편에서는 강한 자들이라는 의미다.

희년(禧年)은 안식년을 일곱 번 지나고 난 다음의 오십 년 째인 해로 하나님은 이때 자유를 선포하라고 하신다. 이 대상이 된 사람들은 연단을 거치면서 전신갑주로 무장한 군인이 된 자들, 원수들과의 싸움에서 승리한 자들이다. 이런 자들에게 자유가 선포되는 것이다.

오병이어의 기적을 통해 남자만 오천 명이 먹고도 음식이 남는다. 떡의 숫자인 다섯은 장성한 자가 되도록 연단시키는 진리의 말씀이라는 의미이고 둘은 반복하여 새사람이 되게 하는 말씀이라는 뜻이다.

고향 갈릴리로 가서 고기를 잡는 제자들에게 부활하신 예수가 오셔서 함께 떡과 고기를 드시는 장면이 요한복음 마지막 부분에 기록되어 있다. 거기에 등장하는 물고기가 백쉰세 마리다. 이 153이라는 숫자는 유명한 볼펜의 심볼이기도 한다. '1'은 그리스도와 하나 되도록 하는 진리의 떡과 고기를 나타낸다. '5'는 영적 전투에 나갈 수 있는 장성한 자가 되도록 하는 진리라는 뜻이며

'3'은 진리를 통해 완전함에 이르게 하겠다는 뜻이 담겨져 있다.

여섯, 기쁨의 수

'여섯'은 שש(셰쉬)로 '빛남, 기쁨, 표백, 세마포, 대리석'이란 여러 가지 뜻이 들어있다. 연단 과정을 거치고 표백되어 그리스도의 신부가 된 자이며 성전의 기둥이 된 사람이다. 마침내 그리스도로 인해 기쁨을 누리는 자, 하나님의 형상인 그리스도를 닮은 자가 된 것이다. 사탄의 형상을 다 벗어버리고 깨끗해진 세마포를 입은 자들이다.

하나님은 성막의 지성소에 두는 떡상 위 진설병도 여섯 개씩 두 줄로 놓으라고 하신다. 여섯은 완전히 표백하여 희게 하는 진리의 떡을 뜻하며 전체 열두 덩이는 열두 지파를 의미한다.

요단강 동편과 서편에 각각 셋씩 도피성 여섯을 준비하라 하신다. 도피성이나 대제사장은 다 그리스도의 예표이다. 여섯 도피성은 거룩함으로 나아가게 하기에 충분한 진리를 뜻한다.

시어미 나오미를 따라 베들레헴으로 이사 온 며느리 룻 이야기에도 여섯이라는 수가 나온다.보아스는 자신의 이불 밑에서 밤을 지낸 룻에게 양식까지 주어 보낸다. 참 아름다운 장면으로 보아스의 고결한 인격이 느껴지는 부분이다. 여기서 보아스는 훗날 오시는 그리스도의 예표이다. 그는 룻에게 보리 여섯 되를 주는데 이는 신부 단장을 위한 세마포를 준비하기에 부족함이

없는 영혼의 양식을 의미한다.(룻 3:15)

솔로몬의 세입금의 무게가 금 육백육십육 달란트요(왕상 10:14)

솔로몬은 평강이라는 뜻으로 훗날 평강의 왕으로 오시는 그리스도의 예표이다. 솔로몬처럼 그리스도는 우리 안에 오셔서 하나님이 거하실 성전을 지으신다. 솔로몬이 준비한 금 666달란트는 머리끝에서부터 발끝까지 세마포로 단장하기에 부족함이 없는 순전한 진리라는 뜻이다. 마음의 성전을 건축하기에 충분한 진리라는 말이다. 계시록에 나오는 666은 반대 방향인 어두움으로 간 결과이다.

가나 혼인잔치 도중에 포도주가 떨어지는데 새 포도주를 만들기 위해 여섯 항아리를 채운다. 새 포도주가 만들어지기 위한 여정이다. 우리가 가야 할 신앙의 여정으로 십자가를 지고 가는 순례의 길을 가리킨다. 이처럼 여섯 항아리를 채워갈 때 우리의 옛 속성들이 빠져나가고 그리스도의 생명으로 충만하게 채워진다.

일곱, 안식의 수

'일곱'은 שֶׁבַע(셰바)로 '만족하다, 충분하다, 풍부하다, 배부르다, 완전하다'라는 여러 뜻이 있다. 이 단어에 연이어 나오는 것이 '쉬다, 안식하다'라는 뜻의 שבת(샤바트)와 안식일인 שַׁבָּת(샵바트)이다. 즉 일곱은 더는 바랄 것이 없는 자족의 능력을 지닌 자가 누리는 안식의 상태를 의미한다.

창조의 마지막 일곱 날에 하나님이 안식하신다. 마침내 혼돈과 공허와 흑암 가운데에서 염려와 두려움으로 살아가던 애굽의 인생이 가나안의 인생이 된 것과 같다. 이런 자족의 능력을 이룬 자 안에 하나님이 오셔서 안식하신다. 안식일에는 아무 일도 하지 말라고 하시는데 이는 우리 안의 염려와 근심, 두려움을 떨쳐내어 버리라는 말이다. 안식의 주인이 우리 안에 오시면 우리 자신이 안식일이 된다. 우리 안에 평강의 왕이 오셔서 평강의 성인 예루살렘을 든든하게 세우신다.

짐승의 피를 일곱 번 뿌리는 나병의 정결의식에서 피는 그리스도의 희생을 의미한다.(레 14:7) 영적 나병 환자인 우리의 심령에 생명의 피를 뿌려 양심을 회복하라는 말씀이다.

가나안 땅에 들어가서 첫 번째 만난 여리고 성 전쟁에서도 일곱째 날과 일곱 나팔이 언급된다.(수 6:4) 이 역시 안식에 이를 때까지 우리가 이 땅에서 매일 치러야 하는 전쟁, 끊임없이 평강을 깨트리고 어둠으로 몰아넣으려는 악한 영들과의 싸움을 말한다.

아람 군대장관 나아만의 나병을 치유하는 장면에서도 요단강에 일곱 번 몸을 담근다.(왕하 5:10) 요단강은 헐몬산에서 흘러나오는 맑고 깨끗한 물로 모든 동식물을 살아나게 하는 물이다. 이는 그리스도를 통해 주신 생명의 양식을 먹되 일곱에 이를 때까지 먹어야 함을 뜻한다. 끝까지 견디는 자가 구원을 얻는다는 말씀이 바로 이런 의미로 완전한 구원을 가리킨다.

칠병이어의 기적에 나오는 일곱도 안식에 이르게 하는 영혼의 양식이라는 뜻이다. 뿐만 아니라 먹고 남은 것도 일곱 광주리인데 이 역시 안식의 자리로 인도하는 진리란 뜻이다.

계시록에 기록된 봉해진 인(印)도 일곱이다. 이는 성경의 일곱 인이 모두 떼어져야 안식의 자리인 일곱에 이르게 된다는 뜻이다. 사도 요한은 이 인을 뗄 수 없어서 우는데 안식에 이르는 생명의 말씀을 먹을 수 없어 흘리는 안타까움의 눈물이다.

마태복음은 예수 그리스도의 족보로 시작한다. 아브라함과 다윗의 이름으로 시작한 족보가 긴 여정을 거쳐 마침내 그리스도라 칭하는 예수가 나심으로 마친다. 이 족보는 42대를 내려온다. 이 숫자는 무슨 의미를 담고 있을까? 실제 이 족보에는 오류가 몇 가지 있다. 요람과 웃시야 사이에 세 명의 왕이 빠졌는데 아하시야와 요아스, 그리고 아마샤다. 또한 세 명의 왕을 빼면서도 다윗은 두 번이나 들어가 있다. 더구나 네 명이나 되는 여인들의 이름이 들어가 있는데 이 역시 당시엔 받아들이기 어려운 일이었다. 이런 탓에 족보에 대한 논쟁이 치열했음을 아래 기록에서 알 수 있다.

신화와 끝없는 족보에 몰두하지 말게 하려 함이라 이런 것은 믿음 안에 있는 하나님의 경륜을 이룸보다 도리어 변론을 내는 것이라 (딤전 1:4)

사도 바울은 단순한 혈통이 아니라 하나님의 경륜이 담긴 의도된 족보라 말한다. 42대는 열넷을 세 번 합한 수이다. 먼저 열넷은 안식의 수인 일곱에 반복을 뜻하는 둘을 곱한 것으로 안식의 자리로 가기 위한 끊임없는 반복의 여정을 뜻하며 이 열넷이 세 번 나오는 것은 셋의 뜻인 완전한 평강의 자리까지 나아간 자라는 의미다. 이렇게 해서 나온 수가 42인데 놀랍게도 이 수는 민수기에 나오는 광야의 여정과 일치한다. 이스라엘 백성들이 애굽에서 나와 가나안으로 가는 여정이다. 애굽의 속성을 빼어내고 새사람의 속성으로 바꾸어가는 여정 말이다.

예수 그리스도가 오시기 위해서는 이런 여정이 필요하다는 것을 보여준다. 그것도 다말이나 라합, 그리고 룻과 마리아같이 하나님의 말씀을 받아들이는 여인들을 통해 오셨다. 이 여인들은 교회의 모습으로 참 남편 되신 그리스도의 씨를 받아들인 자들이다. 이렇게 마흔 둘이라는 여정을 거쳐가면서 그리스도가 세워가는 하나님의 나라는 얼마나 놀라운 약속인가!

열, 부요의 수

'열'은 עֶשֶׂר(에세르)로 '풍부하다, 부유하다, 행복하다'라는 뜻이 있다. 이는 마치 임신하여 열 달이 되어야 아이를 해산하는 것과 같이 최종 목표에 도달한 것을 의미한다. 창세기 5장에 기록된 아담의 족보 속 열 번째 후손으로 노아가 등장한다. 노아

(נֹח)는 '쉬다, 안식하다'라는 뜻으로 하나님이 그 사람 안에서 안식하신다는 의미다. 마침내 열 단계를 거친 후 부요함에 이른 자로 그리스도로 충만한 자이다. 창조의 여정 속에서는 일곱 날로 나타내셨으나 족보 속에서는 열 단계로 표현하신다.

십일조에 대한 말씀도 '열 번째 것을 구별하여 드리라'(레 27:32)고 하신다. 이는 온전해져서 영적으로 부요하게 된 자로 부요하신 그리스도로 충만한 자다.

솔로몬은 성전의 기구인 물두멍 열 개를 만들고 등잔대와 떡상도 열 개를 만든다.(대하 4:6~8) 열 단계를 거치면서 영적인 부요함에 이르러야 함을 말하는 것이다. 열 물두멍은 우리의 더러움을 씻는 것을 보여주며 등잔대에 비추어진 떡 상은 진리의 영에 의해 드러난 순전한 말씀을 뜻한다.

바벨론에 포로로 잡혀간 지혜로운 다니엘과 친구들은 왕의 궁전에 머물게 된다. 이들은 바벨론 식으로 잘 대접하겠다는 제의를 거절하고 열흘을 시험해달라고 청한다.(단 1:15) 이는 단지 음식의 문제가 아닌 이방의 악한 가르침을 받아들이지 않겠다는 것이다. 이 청이 받아들여져 채식으로 보낸 열흘이 지나자 이들은 더욱 아름답고 윤택해진다. 이는 열흘의 기간을 거치면서 마침내 부요함의 자리에 도달한 자들이 되었다는 뜻이다.

열둘, 충만의 수

'열둘'은 שְׁנֵים עָשָׂר(셰나임 아사르)로 열(עָשָׂר, 아사르)과 둘(שְׁנַיִם, 셰나임)의 합이다. 열은 부요함에 이른 상태이고 둘은 반복하는 것을 뜻하므로 열둘은 부요함에 이른 자들이 반복의 여정을 통해 '충만함, 완전함'에 이르렀음을 의미한다.

하나님은 야곱의 열두 아들을 통해 이스라엘의 열두 지파를 이루신다. 이스라엘이 된 자들에게 부어주시는 그리스도의 충만하심이다.

광야에 나온 이스라엘 백성들이 엘림에 도착하니 물 샘 열둘이 있었다. 이는 목마른 자들에게 충만하게 채워주시는 그리스도를 보여준다. 훗날 예수는 사마리아 여인에게 이런 열두 샘물로 찾아오신다. 영원히 목마르지 않는 영생수다.

그들이 엘림에 이르니 거기에 물 샘 열둘과 종려나무 일흔 그루가 있는지라 거기서 그들이 그 물 곁에 장막을 치니라(출 15:27)

오병이어의 기적으로 수천 명을 먹이시고도 남은 떡이 열두 바구니였다. 이렇게 남은 바구니의 숫자까지 적어 놓은 이유는 그리스도의 장성한 분량으로 충만한 데까지 이르게 하는 순전한 떡, 즉 진리에 대한 강조다.

사도들도 열둘인데 이는 모세를 통해 주신 율법을 따라 살던 머리되신 그리스도와 연합된 아름다운 교회의 모습이다. 솔로몬이 하나님을 감동시킨 제사도 바로 이런 의미다.

자들도 열둘이고 그리스도를 통해 주신 새 언약의 말씀을 따라 살아갈 자들도 열둘이라는 말이다. 율법이 밖으로 충만하게 이끌었다면 이제는 안으로 충만함을 채워주시겠다는 섭리가 열둘이라는 사도들 숫자로 나타난 것이다.

계시록 21장에 기록된 새 예루살렘의 아름다운 장관은 어떠한가? 금과 보석으로 만들어졌는데 기초석이 열둘이 있고 그 위에 열두 사도의 이름이 있다. 열두 기초석은 열두 지파를 뜻하는데 이들이 성을 만든 기초 역할을 한 것이다. 모세를 통한 율법이 그 역할을 했다. 교회도 장성한 자로 나아가기 위해서는 기초에 멈춰있으면 안 된다. 열두 사도를 통해 주신 진리로 든든한 예루살렘을 완성해야 한다. 이것은 하늘에 있는 예루살렘이자 우리 안에 만들어지는 아름다운 성이다.

이어지는 계시록 22장엔 생명수 강가에 있는 생명나무가 언급되는데 이는 주님이신 그리스도를 뜻한다. 그로부터 공급되는 진리로 맺어지는 열매가 열두 종류다. 잃어버린 에덴을 회복한 자들이 이 풍성한 열매로 지고지선의 복을 누리게 된다.

천, 그리스도와의 연합의 수

천은 אֶלֶף(엘레프)로 '배우다, 길들이다, 익숙해지다. 연합하다' 라는 뜻이 있다. 즉 천은 배우고 길들여서 익숙해진 상태이며 연합된 상태다. 바로 우리 안에 오신 그리스도와의 연합이다. 임마누엘이라는 이름에서 알 수 있듯이 늘 우리와 함께 있기를 원하시는 분이시다. 예수가 떠나시기 전에 제자들을 위해 하나 되기를 기도하신 것처럼 결합되어 한몸이 된 것이다. 머리되신 그리스도와 연합된 아름다운 교회의 모습이다. 솔로몬이 하나님을 감동시킨 제사도 바로 이런 의미다.

여호와 앞 곧 회막 앞에 있는 놋 제단에 솔로몬이 이르러 그 위에 천 마리 희생으로 번제를 드렸더라(대하 1:6)

단순히 많은 양의 제물이라 하나님이 감동하셨을까? 외형적인 숫자가 아닌 내면의 상태를 말하신다. 개역성경에는 '일천번제'로 번역되어 있어 천 번의 제사를 드렸거나 천 날 동안의 제사로 오해할 수 있는 소지가 있었다. 당시 수만 마리의 짐승으로 제사를 드렸어도 그렇게 오랜 기간이 소요되지 않았다. 이는 솔로몬이 예배를 통해 하나님과 하나 되는 단계로 나아간 것을 의미한다. 솔로몬 내면에 있던 짐승과 같은 악한 속성을 잡아 죽이고 죽여 이제 하나님이 충만히 거하시는 내면의 성전을 완성했다는 의미다. 이에 감동한 하나님이 오셔서 그에게 백지수표를 주신 것이다. '내가 네게 무엇을 주랴 너는 구하라'고 하신다.

계시록에 언급된 십사만사천의 의미는 어떤 수의 조합인지 알아야 제대로 이해할 수 있다.(계 14:1) 이는 12×12×1,000이다. 즉 열두 지파와 열두 사도에 천을 곱한 것이다. 열두 지파의 기초 위에 열두 사도가 세운 것이 교회로 그 교회가 장성하여 천을 이룬 것이다. 즉 진리를 배우고 익혀서 그리스도와 결합된 상태를 말한다. 진리가 삶 속에서 살아 움직이는 상태로 아는 것에 그친 것이 아니라 삶이 된 자들이다. 이처럼 십사만사천은 단지 수와 양을 언급하는 것이 아닌 상태를 의미한다. 어린양의 이름과 아버지의 이름인 진리가 생각과 마음에 새겨진 자들을 가리킨다.

그 성은 네모가 반듯하여 길이와 너비가 같은지라 그 갈대 자로 그 성을 측량하니 만 이천 스다디온이요 길이와 너비와 높이가 같더라(계 21:16)

새 예루살렘의 모습이다. 새롭게 된 교회의 모습으로 우리 모습이 이와 같아야 한다. 네모가 반듯하다는 것은 어그러진 것이 없는 완전하다는 뜻이다. 만이천은 열둘에 천을 곱한 수로 완전한 수 열둘과 연합을 의미하는 천으로 이루어진 숫자다. 이 또한 그리스도와 한몸으로 연합된 교회가 되었음을 나타낸다.

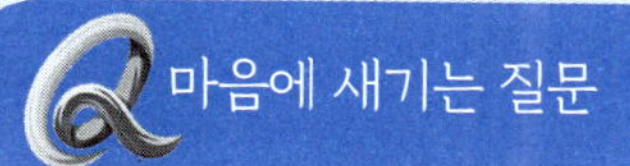

1. 성경 속에 등장하는 숫자 중에서 '둘'과 관련된 내용을 찾아보고 그 의미는 무엇인지 살펴보자.

2. 이스라엘 백성들은 애굽에서 400년을 머무른다. '400'이라는 숫자가 가진 의미에 대해 이야기해보자.

3. 성경 속 '여섯'이란 단어는 여러 가지 뜻을 가지고 있다. 다양한 의미와 함께 여섯이 나오는 성경의 기록도 찾아보자.

4. 계시록에 기록된 '144,000'의 의미를 설명해보자.

眞理

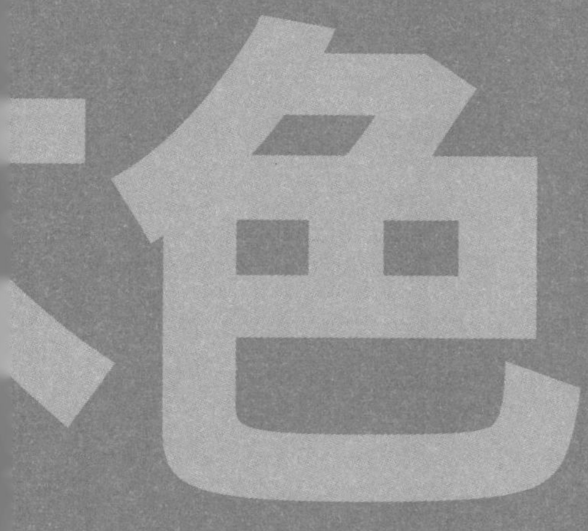

3부

십자가 하나님의 진리

6
영적 승리의 비결, 십자가

십자가의 도가 멸망하는 자들에게는 미련한 것이요 구원을 받는 우리에게는 하나님의 능력이라(고전 1:18)

기독교의 상징은 십자가이다. 예수가 지신 십자가이다. 이 십자가가 능력인 것은 우리를 새롭게 하기 때문이다.

땅에서 살지만 하늘의 소망을 두고 살아가게 한다. 영생의 소망이다. 거룩한 천국 백성의 소망이다. 십자가의 도(λόγος, 로고스)는 우리 겉사람을 죽이고 속사람으로 새롭게 하는 진리의 말씀을 가리킨다.

예수는 제자들에게 십자가를 지고 따라오라 하시면서 자기 목숨을 버리라 하신다. '자기 목숨'은 ψυχη(프쉬케)로 혼적인 목숨을 뜻하는데 이는 육신 중심의 삶을 이루는 원천이다. 단지 심장이 멈추는 몸의 죽음을 의미하는 것은 아니다. 하나님의 말씀인 생명나무를 거절하고 선악을 알게 하는 나무로 향하게 하는 악한 마음을 말한다. 이런 혼성(魂性)이 죽어야 그리스도가 우리 안에 더욱 충만하게 거하실 수 있다. 당연히 십자가를 지고 따르지 않는 자는 주님과 함께 천국의 삶을 살아갈 수 없기 때문이다. 십자가를 지고 따라가는 것은 선택사항이 아닌 필수사항이다. 자기를 부인하는 것은 혼적인 목숨, 즉 육신에 붙들려 살아가고자 하는 혼성을 십자가에 못박는 것이다. 그러기 위해서는 '자기(自己)가 무엇인지를 제대로 알아야 한다. 적을 알아야 싸워 이길 수 있기 때문이다.

신자의 영적 전투

마태복음 10장에 '집안 식구가 원수'라는 내용이 나오는데 이를 어떻게 받아들여야 할까? 원수를 사랑하고 그를 위하여 기도하라 하신 말씀과 정면으로 배치되는 것처럼 보인다. 이는 우리 안에 있는 '자기'를 말씀하신 것이다. 마치 나 자신처럼 살아온 악한 영들로, 한 집안 식구처럼 되어버린 가나안 일곱 족속을 가리킨다. 이들을 향해서 근원적인 원수라 하신 것이다. 이들이 에덴동산에서 언급하신 그 원수로 우리의 행복을 앗아간 놈들이다.

내가 너로 여자와 원수가 되게 하고 네 후손도 여자의 후손과 원수가 되게 하리니 여자의 후손은 네 머리를 상하게 할 것이요 너는 그의 발꿈치를 상하게 할 것이니라 하시고(창 3:15)

교회의 구성원인 우리가 곧 여자이며 그리스도의 아내다. 그리스도의 원수인 사탄과의 싸움에 소집된 자들이다. 이제 이 원수들은 십자가에서 머리가 박살나서 '두개골'이 된 자들이다. 사탄의 지휘본부가 파괴된 자들이기에 우리가 해야 할 일은 이 잔적들을 소탕하는 것이다. 그러나 만만하게 봐선 안 된다. 우리만으로는 영적인 싸움에서 이길 수 없기 때문이다. 오직 승리하신 그리스도를 의지하여 싸울 때 이길 수 있다.

하나님은 아브라함과 언약을 하시면서도 앞으로 치르게 될 영적 전투에 대해 말씀하신다.(창 22:17~18) 곧 '대적의 성문을 차지하리라'는 말씀이다. 아브라함의 이름 뜻대로 열국의 아비로 삼아주시려는 것이다. 그러나 이는 단순히 육신의 혈통을 통해 번성한 백성들을 지칭하는 것이 아니라 영적인 자녀들을 말한다. 아브라함의 계보를 따라 오시는 예수 그리스도를 통한 영생의 복을 가리킨다. 예수는 씨, 즉 진리의 씨로 오셨다. 이 진리가 심겨져야 영생의 열매가 맺히기 때문이다. 여기서 대적의 성문은 사탄의 성문이다. 사탄의 머리를 깨트리신 그리스도는 우리 안에 오셔서 우리 안에 자리 잡고 사는 사탄의 졸개들을 쫓아내고 다스리신다. 이렇게 이루어져 가는 새로운 나라인 그리스도의 왕국에서 영생의 복을 누리는 백성보다 더 행복한 자들이 있을까? 이것이 지고지선의 복이다.

자기를 부인하는 것은 육신에 붙들려 살아 가고자 하는 혼성을 십자가에 못박는 것이다.

예수는 사람에게서 나간 귀신의 이야기를 하면서 '일곱 귀신'을 언급한다.(마 12:45) 이들은 가나안 땅의 일곱 족속으로 원래부터 그 땅에 살고 있던 놈들이다. 이스라엘 백성들에게 들어가서 차지하라고 명령하신 그 땅에 말이다. 그래서 이 땅은 그냥 얻어지는 땅이 아닌 싸워서 쟁취하는 땅이다. 우리 안에 이루어져야 하는 천국으로 그리스도가 다스리는 나라이다. 이 천국을 이루기 위해서는 내 안에 먼저 살고 있던 악한 놈들과 싸워야 한다. 하나님도 우리 안에 들어와 살기 원하지만 귀신들도 역시 우리 가운데 들어와 살기를 원한다. 사람보다 더 재미있는 곳이 없기 때문이다. 하나를 가르쳐주면 둘 셋을 깨달아 선한 방향으로 가야 하는데 오히려 악한 길로 간다. 그러니 귀신들이 살던 곳에서 나가길 싫어한다. 이들은 물이 없는 곳을 찾는데 물은 진리의 윗물을 뜻한다. 악한 영들은 더러운 아랫물인 세상의 비진리 속에서 살아가는 자들이다.

십자가의 도(道)로 무장하라

십자가의 도가 멸망하는 자들에게는 미련한 것이요 구원을 받는 우리에게는 하나님의 능력이라(고전 1:18)

십자가의 도(λόγος, 로고스)는 '십자가의 말씀'으로 다름 아닌 내 안에 있는 가나안 일곱 족속을 죽이는 말씀이다. 이는 육신의 속성으로 무엇을 먹을까 마실까 하는 짐승의 본능과 같은 속성이다. 이런 겉사람의 속성이 죽어야 속사람이 강해진다. 악한 놈들을 생각과 마음의 방에서 빼내야 그리스도가 더 충만하게 임하실 수 있다. 이렇게 '자기'는 약해지고 그리스도로 충만해지는 것이 능력이다.

지혜자들의 말씀들은 찌르는 채찍들 같고 회중의 스승들의 말씀들은 잘 박힌 못 같으니 다 한 목자가 주신 바이니라
(전 12:10~11)

채찍과 못은 예수가 지고 가신 십자가 수난의 도구이다. 십자가에 달리시기 전에 채찍으로 등에 살점이 묻어나도록 맞았고

나무 십자가에 손과 발이 못 박혔다. 십자가의 길은 우리가 가야 할 길을 보여준다. 겉사람, 곧 옛사람의 속성을 죽이는 길이 바로 십자가의 길이기 때문이다. 육이 죽어야 영으로 살아날 수 있다. 전도서 말씀에서 지칭하는 지혜자와 스승은 바로 그리스도다. 진리의 말씀으로 우리의 악함을 교훈하고 책망하여 바르게 하신다. 주님을 등지고 세상으로 향했던 등짝을 채찍에 맞고 내 마음대로 행하던 손과 발이 못 박혀야 한다.

또한 진리는 검과 같은 기능을 발휘한다.(히 4:12) 빛이 어둠을 드러내듯이 우리 안에 속속들이 내재된 악한 속성들을 드러낸다. 병의 원인을 알아야 치료를 하듯이 안에 있는 악한 속성이 무엇인지를 알아야 영혼을 치유할 수 있다. 내 안의 마음 땅에서 살고 있는 가나안 일곱 족속이 어떤 속성인지를 알아야 제대로 싸울 수 있다.

누가복음 22장에는 재미있는 장면이 있다. 예수가 겉옷을 팔아 검을 사라고 하자 곁에 있던 베드로가 검 둘이 있다고 자신 있게 답하고 이에 예수는 족하다 하시는 사건이 그것이다. 이를 우리가 이해할 수 있도록 실감나게 표현하면 이렇다. '됐네 됐어 이 사람아, 쯧쯧.' 이는 보이는 검이 아닌 진리의 검으로 무장하라 하신 건데 베드로가 말귀를 못 알아 들었던 것이다. 예수가 잡혀가실 때 베드로는 쌍칼을 빼어 대항하다가 대제사장의 종 말고의 귀를 베어버린다. 그때 예수가 칭찬 대신 질책을 하며 칼을 다시 꽂으라 하신 이유가 여기에 있다.

전신갑주에 관한 말씀에서도 온몸을 무장하고 성령의 검인 진리를 들고 싸우라 하신다. 그 싸움이 바로 기도다. 말씀의 검을 들고 기도할 때 불이 임한다. '불 검'이 되어 원수들에게 치명적인 해를 입히는 것이다. 검을 들고 춤을 추는 검무(劍舞)라고 할까? 귀신을 쫓아내지 못하는 제자들의 질문에 기도외에 다른 것으로 이런 종류가 나갈 수 없다고 하신 말을 기억해야 한다. 세상의 그 어떤 힘으로도 이들 영적인 존재들의 손가락 하나 건드릴 수 없다. 오직 승리하신 그리스도를 힘입어 싸울 때 이길 수 있다. 전쟁에 능하신 그리스도 우리 주님을 찬양하자.

좁은 문으로 들어가라

예수가 말한 '좁은 문'은 힘들고 찾는 이가 적지만 반드시 들어가야 한다. 이와 함께 거짓 선지자들을 그들의 열매로 분별하겠다고 하신다.

> 그때에 내가 그들에게 밝히 말하되 내가 너희를 도무지 알지 못하니 불법을 행하는 자들아 내게서 떠나가라 하리라(마 7:23)

이 정도로 사역한 사람이라면 보통 열심히 아니었을 것이다. 성경 지식도 남들 못지않았을 것이고 무엇보다 기도도 열심히

한 사람임을 짐작할 수 있다. 그런데도 주님은 그를 도무지 모르겠다 하신다. 훗날 주님 앞에 섰을 때 이런 말을 듣는다면 큰일이다. 주님이 모른다 하시면 갈 곳은 불못밖에 없지 않은가? 예수의 이름을 부르며 자기 나름대로는 최선을 다했다고 생각했는데 주님은 이들이 법대로 가는 좁은 길이 아니고 넓은 길로 갔다고 책망하신다.

진리만이 우리 마음 안을 생명의 빛으로 비추어서 어둠을 드러나게 하기 때문이다.

법대로 가는 길은 예수의 진리의 말씀을 듣고 행하는 길이다. 이제는 모세의 율법조문이 아니라 예수가 드러낸 영의 말씀을 들어야 한다. 예수에 의해 모세 율법에 덮였던 수건이 벗겨지고 그 안에 담겨진 진리가 드러났기 때문이다. 이 진리만이 선한 열매를 맺게 하는 원천이다. 사랑과 희락과 화평의 열매, 즉 내면에 맺어지는 성령의 열매이다. 그러나 많은 사람들이 모세의 율법을 글자 그대로 행함으로 인본적인 도덕 수준과 종교행위에 머무르고 말았다. 사람 안의 악한 속성은 하나도 처리하지 못하면서 말이다. 이것을 주님은 외식이라며 엄하게 책망하신다. 왜냐하면 진리만이 우리 마음 안을 생명의 빛으로 비추어서 어둠을 드러나게 하기 때문이다. 진리만이 양날을 가진 검과 같아서 우리 안의 악한 영적 존재들을 물리칠 수 있는 능력이 된다. 이를 깨달은 사도 바울은 믿음은 들음에서 나고 들음은 바로 그리스도의 말씀임을 선포한다.

거짓 선지자들은 이렇게 사람들을 외식으로 인도하는데 이는 그들이 맹인이기 때문이다. 밖의 보이는 열매가 신앙의 열매인 것처럼 가르친다. 이 땅을 떠날 때 다 놓고 갈 것을 말이다. 참 열매는 훗날 주님 앞에 가지고 갈 수 있는 안의 열매인 성령의 열매뿐이다. 주님은 우리가 어떤 열매를 추구하는가에 따라 그 사람을 심판하시겠다는 것이다. 결국 서낭당에서 빌던 그런 기복적인 열매로 가게 하는 거짓 선지자를 심판하겠다는 말씀이다. 욕심을 더 키우는 거짓 열매를 따라다닌 결과 더 망가져 짐승의 형상이 되어버리지 않도록 경계해야 한다.

영적 전쟁을 피하지 말라

마태복음 24장과 마가복음 13장에서 마지막 날의 징조에 대한 기록을 볼 수 있다. 자칫 지구의 종말에 대한 예언이라고 오해하기 쉽지만 우리 안에 이루어지는 하늘과 땅에 관한 말씀이다. 하나님의 관심은 무엇보다 사람들로 우주와 지구를 당신의 섭리 가운데 운행해 가실 것이다. 이것은 우리 능력의 한계를 뛰어넘는 일이다. 여기서 등장하는 '마지막 날'은 우리의 옛 사람이 끝장나는 날이다. 이스라엘 백성들로 인해 여리고 성에 마지막이 오고 가나안 족속이 쫓겨나듯이 말이다. 새롭게 되는 이런 마지막 날이 반드시 와야 한다. 이 땅에서 몸을 입고 있을 때 이런 날이 와야 거룩한 세마포 옷으로 단장하게 된다. 겉사람이 죽어야 영으로 살 수 있다. 땅에 속한 육신의 속성이 끝장나야 하늘의 속성을 덧입고 살아가게 된다.

마가복음 13장에서 예수와 제자들은 성전 이야기로 대화를 시작한다. 제자들은 성전을 자랑삼아 이야기하나 예수의 답변은 의외였다. 오히려 예수는 성전이 무너져야 한다고 말한다. 하늘의 생각과 땅의 생각 사이에서 생기는 차이다. 실상 이 말씀대로 기원후 70년 로마의 티토 장군에 의해 예루살렘과 성전이 무너지는데 그것도 돌 하나 남지 않고 다 파헤쳐진다. 왜 이런 끔찍한 일이 일어났을까? 왜 하나님은 이스라엘에게 이런 일을 허락하셨을까? 이는 장성한 자로 나아가야 하는데 초보에 붙들려 있었기 때문이다. 율법 안에 담아둔 더 중요한 뜻들을 모르고 성전주의자가 되어 종교행위만 하고 있기 때문이다. 이런 외식이 하나님의 아픔이셨기에 시련을 허락하신다. 보이는 밖의 성전을 허물어야 안의 성전을 보겠구나 싶으셨던 것이다. 보이는 것이 너무 강렬하면 안의 것을 못 보게 된다. 겉사람이 쇠해져야 속사람이 강해지는 법이다.

난리와 난리의 소문을 들을 때에 두려워하지 말라 이런 일이 있어야 하되 아직 끝은 아니니라 민족이 민족을, 나라가 나라를 대적하여 일어나겠고 곳곳에 지진이 있으며 기근이 있으리니 이는 재난

의 시작이니라(막 13:7~8)

이러한 모든 일이 바로 우리 안에서 이루어져야 하니 바로 옛나라와 새나라, 사탄의 나라와 그리스도의 나라 간의 전쟁이다. 세상 전쟁은 협상을 통해 피할 수도 있지만 영적인 전쟁은 피해서 될 일이 아니다. 싸워서 이겨야 평화가 찾아오기에 이들과의 협상은 있을 수 없다. 지진이 나야 콘크리트같이 굳은 땅이 갈라진다. 갈라져야 돌밭을 거쳐서 옥토로 갈수 있다. 단단한 고정관념 속에 지진이 나야 한다. 세상 육 중심의 가르침 속에 지진이 나면서 점차 영혼의 갈증을 느끼기 시작한다. 이렇게 영혼의 허기를 느끼기 시작할 때 옛나라가 무너지기 시작한다. 그때야 함께 살아왔던 자들, 곧 집안 식구가 원수라는 것을 깨닫게 된다. 우리 안에 오래전부터 살고 있던 가나안 일곱 족속들인 사탄과 그 졸개들이 교묘하게 속이고 살고 있었던 것이다. 조상으로부터 유전되어 내려온 악한 영들이 자손 대대로 함께 속이고 살아온 거였다.

지붕 위에 있는 자는 내려가지도 말고 집에 있는 무엇을 가지러 들어가지도 말며 밭에 있는 자는 겉옷을 가지러 뒤로 돌이키지 말지어다(막 13:15~16)

지붕은 기도하며 깨어있는 곳으로 영적인 잠에서 깨어 기도

하라는 말이다. 기도 외에는 이런 악한 영들이 나가지 않기 때문이다. 밭은 마음의 밭으로 말씀을 도구 삼아 땅을 고르고 진리의 씨앗을 뿌리야 한다. 이것이 바로 사람의 근본인 땅을 기경하는 사명이다. 겉옷은 보이는 글자대로 했던 종교행위로 이를 다시 취하는 것은 율법으로의 회귀며 초등학문으로 돌아가는 것이다.

> 그때에 어떤 사람이 너희에게 말하되 보라 그리스도가 여기 있다 보라 저기 있다 하여도 믿지 말라(막 13:21)

무슨 말씀인가? 그리스도가 우리 안에 계심을 잠시도 잊어서는 안 된다. 약속하신 대로 거룩한 영으로 다시 오신 것이다. 기름 부으신 자인 왕으로 말이다. 이분이 이 땅에 몸을 입고 오셨던 예수시며 우리의 주님이다.

> 거짓 그리스도들과 거짓 선지자들이 일어나서 이적과 기사를 행하여 할 수만 있으면 택하신 자들을 미혹하려 하리라(막 13:22)

거짓 선지자들은 보이는 것에 붙들리게 해서 결국 진리로 가는 길을 막는다. 그래야 계속하여 자신들의 종으로 삼을 뿐 아니라 더욱 지옥 자식이 되게 할 수 있기 때문이다. 이적과 기적으로는 거룩함으로 나아갈 수 없다. 얼마나 많은 사탄의 일꾼들이 광명한 천사로 가장해 활개를 치고 있는가?

진리의 말씀을 붙잡고 기도의 자리로 가는 것이 좁은 길이며 십자가의 길이다.

동시에 '깨어있으라' 하시는데 여기서 깨어있다는 말은 진리의 말씀을 굳게 붙잡고 기도의 자리로 가는 것이다. 이것이 법대로 가는 좁은 길이며 십자가의 길이다. 보이는 환경과 여건을 변화시키고자 기도하는 것은 그리 어렵지 않다. 그러나 보이지 않는 내면을 위해 기도하는 일은 쉽지 않다. 보이는 열매를 붙잡고 기복적인 기도를 하기는 그리 힘들지 않으나 보이지 아니하는 안의 열매를 소망하며 기도하기는 어렵다. 좁은 길을 찾는 이가 적다고 하신 것이 바로 이런 이유이다.

승리의 자리로 나아가라

바울은 로마서 7장에서 처절한 영적 전투에 대해 기록하고 있다. 사도 바울이 행하기를 원하는 것은 선(善)으로 하나님이 기뻐하시는 뜻을 따라 살고 싶은 것이다. 그러나 오히려 선을 행하기는커녕 악(惡)을 행하는 쪽으로 가고 있는 자신을 발견한다. 그는 악으로 가게 하는 실체를 죄라고 확신있게 선포한다. 자신 안에 한 인격체가 있음을 깨달은 것이다. 물론 더럽고 사악한 인격체다.

내 속 곧 내 육신에 선한 것이 거하지 아니하는 줄을 아노니 원함은 내게 있으나 선을 행하는 것은 없노라 내가 원하는 바 선은 행하지 아니하고 도리어 원하지 아니하는 바 악을 행하는도다
(롬 7:18~19)

그는 심각한 고민에 빠진다. 거룩함으로 나가려는데 왜 자꾸 멈칫거리고 오히려 거꾸로 가는가 하는 문제였다. 주님의 뜻을 따라 살겠다고 다짐하나 왜 번번이 실패하는지 깊은 고뇌에 잠긴다. 그가 죄를 많이 범해서가 아니라 양심이 점차 회복되면서 더욱 예민하게 느끼기 시작한 것이다. 자신의 내면을 느낄 수 있는 정도의 장성한 분량이 된 사람이어야 이런 고백을 할 수 있다. 영적 나병에서 치유되어 감으로 영적 감각이 살아난 자이다.

만일 내가 원하지 아니하는 그것을 하면 이를 행하는 자는 내가 아니요 내 속에 거하는 죄니라(롬 7:20)

다시금 그는 자신 안에 다른 그 어떤 존재가 있다는 것을 확신한다. 이것이 죄라는 추악한 한 인격체라는 것을 안 것이다. 곧 속사람과 겉사람, 마음과 지체의 싸움이다. 여기서 마음은 νους(누스)로 '이해력, 이성'을 뜻하고 지체는 μέλος(멜로스)로 '몸의 사지(四肢)'를 뜻한다. 즉 깨어난 이성과 육신적인 속성 사이의 싸움이다. 마음에 새겨진 진리를 따라 살려고 하나 그를 붙

잡고 있는 것은 옛 율법을 따라 살아가던 속성이었다. 오랫동안 몸에 배어 체질화되었기에 자꾸 걸림돌이 되는 것이다. 고정관념과 선지식이 새 언약의 일꾼으로 가는 길목에서 번번이 발목을 잡는다.

그러면서도 감사의 기도를 잊지 않는데 이렇게 깊은 고뇌를 한다는 그 자체가 감사했던 것이다. 정작 진리를 몰랐다면 과거에 알던 것이 다인 양 살았을 것이다. 무식하면 용감하다고 예수 믿는 자들을 잡으러 다니면서 하나님께 충성한다고 철석같이 믿었을 것이다. 그러다 훗날 주님 앞에 섰을 때 불법을 행한 자라는 소리, 도무지 너를 모른다는 소리를 들었을 것이다. 이런 생각을 할 때 바울은 감사했다. 지금이라도 진리를 깨닫고 새 언약의 일꾼이 된 것이 얼마나 감사한가? 다음 장인 로마서 8장으로 가면 방금까지의 장탄식은 사라지고 소망과 기쁨에 찬 외침이 들린다.

이는 그리스도 예수 안에 있는 생명의 성령의 법이 죄와 사망의 법에서 너를 해방하였음이라(롬 8:2)

'생명의 성령의 법'(νόμος τοῦ πνεύματος τῆς ζωῆς)은 바로 '새 언약'이다. 모세를 통해 준 율법이 아니라 이제는 생명이신 예수 그리스도를 통해 완전케 하신 말씀이다. 모세의 율법을 붙잡고 살다가 결국은 불법자라는 낙인이 찍힐 수밖에 없다. 그런데 진리를 통해 영생의 자리로 가게 되었을 뿐만 아니라 새 언약의 일꾼이 되었다는 것이 놀라운 은혜라고 고백한다. 생명의 성령의 법은 이렇게 영원한 생명으로 가게 하는 말씀이다. 예수는 '내가 너희에게 이른 말(ῥῆμα, 레마)이 영(πνεῦμα, 프뉴마)이요 생명'이라고 말씀하셨다. 이처럼 예수의 가르침이 영이요 생명이다.

예수를 죽은 자 가운데서 살리신 이의 영이 너희 안에 거하시면 그리스도 예수를 죽은 자 가운데서 살리신 이가 너희 안에 거하시는 그의 영으로 말미암아 너희 죽을 몸도 살리시리라(롬 8:11)

이제 사도 바울은 담대하게 선포한다. 우리 안에 그리스도가 계시면 사망의 몸을 살려주신다고 말이다. 이제 우리가 할 일은 패배의식 속에서 살 것이 아니고 승리하신 그리스도가 함께하신다는 믿음을 가지고 싸우는 것이다. 죄의 무리들과 싸워서 쟁취해야 하는 평강의 땅이다. 이 죄는 끊임없이 옛날 애굽으로 돌아가게 한다. 오랫동안 교회 밖에서 몸에 체득하였던 옛날로 말이다. 교회 안에 들어와서도 율법적인 종교행위를 하던 시절로 돌아가게 한다. 참으로 끈질긴 가나안 일곱 족속들이다.

생각하건대 현재의 고난은 장차 우리에게 나타날 영광과 비교할 수 없도다(롬 8:18)

소망으로 가득찬 바울의 고백이 들린다. 승리하신 그리스도로 인해 골고다를 바라보는 자가 된 것이다. 탄성을 지르며 지금까지 고뇌에 찬 자리를 박차고 일어난다. 그리스도로 말미암아 이긴 전쟁임을 확신한 것이다. 이제는 진리의 검을 들고 대장되신 그리스도와 함께라면 어떤 원수라도 당당히 맞장 뜨겠다는 담대한 고백이다. 이런 배짱 두둑한 믿음이 우리를 승리의 자리로 이끈다. 거룩함의 자리, 둘을 지나 셋에 이르는 길, 여섯을 지나 일곱에 이르는 길로 말이다. 그리고 마침내는 부요함의 열을 지나 회복된 에덴동산에서 매달 열리는 생명나무 열매로 포만감을 누리는 천상의 삶으로 우리를 이끈다.

> 그러나 이 모든 일에 우리를 사랑하시는 이로 말미암아 우리가 넉넉히 이기느니라(롬 8:37)

주님의 약속을 기대하라

계시록 19장에는 하늘과 땅의 전쟁이 기록되어있는데 이는 밖이 아닌 우리 안에서 이루어지는 영적인 전쟁을 말한다. 지금도 치열하게 벌어지고 있는 이 전쟁에서 백마 타신 그리스도는 전쟁에 능하신 우리 주님이다. 많은 관은 권세를 의미한다. 여기서 그리스도의 이름이 하나님의 말씀이라는 것은 진리가 예수 그리스도의 이름이란 뜻이다.

하늘에 있는 군대들이 희고 깨끗한 세마포 옷을 입고 백마를 타고 그를 따르더라(계 19:14)

하늘에 있는 군대들이 세마포 옷을 입은 것은 거룩한 무리들이기 때문이다. 욕심이 빠져나간 자리에 채워진 거룩함이 능력이다. 자족의 기쁨이 얼마나 큰 능력인가? 그리스도의 입에서 나오는 예리한 검은 양날 가진 진리의 검이다. 이는 사탄의 무리들을 물리치는 무기는 오직 생명의 말씀임을 보여준다. 사망의 어둠 가운데 살아가는 악한 영들은 생명의 빛을 가장 무서워하기 때문이다. 사탄의 무리들과의 싸움은 그리스도를 대장으로 함께 싸우는 것이다. 우리 홀로 싸울 수 없으며 주님 역시 우리를 필요로 하신다. 이것이 얼마나 큰 영광인가? 우리는 하늘의 영적 전투에 부름받은 군사된 자들이다.

하늘에 있는 군대들이 세마포 옷을 입은 것은 거룩한 무리들이기 때문이다. 욕심이 빠져나간 자리에 채워진 거룩함이 능력이다.

또 내가 보매 그 짐승과 땅의 임금들과 그들의 군대들이 모여 그 말 탄 자와 그의 군대와 더불어 전쟁을 일으키다가(계 19:19)

땅의 군대들은 곧 사탄의 군대로 짐승과 같은 속성을 가지고 있다. 이는 우리를 짐승의 형상으로 바꾸려는 악한 무리들로 마음 땅에서 왕 노릇하던 가나안 일곱 족속의 왕들이다. 끊임없이 기회만 되면 쳐들어오는 끈질긴 자들로 우리 평생에 걸쳐 싸워야 할 원수들이다. 하나님은 한순간에 우리 안에 있는 모든 악한 속성들을 고쳐주시는 것이 아니다. 이렇게 되면 감사를 배울 수 없음을 아시기 때문이다. 어둠을 허락하시는 이유는 빛의 고마움을 알라는 것이다. 또한 고난을 허락하시는 이유는 고난 후의 쉼이 얼마나 소중한가를 깨달으라는 그분의 섭리이다. 발로 밟은 땅을 주리라 약속하신 이유가 바로 여기에 있다. 가나안 땅은 눈물과 피로 일구어 가야 하는 땅이다. 에덴에서 내보내실 때 이마에 땀이 흘러야 열매를 먹을 것이라 하신 뜻이 이것이다. 수고하고 눈물로 씨를 뿌린 자가 많은 열매를 거두게 하시는 하나님의 섭리에 감사할 뿐이다.

계시록 19장과 20장의 영적 전투를 지나고 난 승리자의 모습이 21장에 나온다. 바로 새 하늘과 새 땅으로 새사람이 된 것을 가리킨다. 바다의 풍랑이 더는 어찌하지 못하는 든든한 평강을 지닌 사람으로 비록 땅에서 사나 이미 하늘에 앉혀진 자이다. 옛 하늘에서 공중권세 잡았던 사탄의 영향력을 벗어난 자가 된 것이다. 더는 가나안 일곱 족속이 찔러대지 않는 그런 평강의 성이 마음에 세워진 자로 이를 새 예루살렘이라 하신다. 아름답기 그지없는 금은보석으로 만든 성은 연단되어 장성한 성도가 되었음을 뜻한다. 세마포 옷으로 머리끝에서부터 발끝까지 아름답게 신부 단장을 마친 그리스도의 아내이며 고난의 여정인 십자가의 길을 마친 자이다. 종착역에서 맞이하는 기쁨이 너무 크기에 지난날의 아픔이 한순간에 보상되고도 남는 가치 있는 여정이 아닐 수 없다.

계시록 22장은 새사람으로 누리는 행복에 대해 기록하고 있다. 생명 시냇가의 생명나무에서 달마다 열리는 열매로 포만감을 누리는 삶이다. 이런 섭리의 여정을 시작하게 하신 주님은 반드시 이루겠다고 말씀하신다. 이는 창세기 1장의 처음에 기록하신 것으로 새 하늘과 새 땅을 만들겠다는 장엄한 프로젝트였다. 드디어 성경의 마지막에 이르러 새 하늘과 새 땅으로 완성되었음을 선포한다.

비록 아직은 그런 단계에 도달하지 못했을지언정 그리스도가 주신 진리를 통해 확신을 갖게 된 것이다. 이제는 낙심의 자리에 앉아서 탄식하는 자가 아니라 자리를 박차고 일어나서 소망의 자리로 가야 한다. 진리의 검으로 무장하고 기도의 싸움터로 가야 한다. 곧 영적 전투 현장으로 내 안에 있는 가나안 일곱 족속을 향해 예리한 검을 찌르는 최전선이다. 비록 힘겹고 좁은 길이지만 맹인이었던 눈을 떠서 본 자가 되었기에 예서 머무를 수 없다. 너무도 분명하고 확고한 하나님의 섭리를 알았기 때문이다. 성경의 마지막을 '주 예수여 오셔서 이 놀라운 언약을 이루어주소서. 내 안에 더 충만하게 임하소서. 아멘' 하면서 끝내는 이유다.

이것들을 증언하신 이가 이르시되 내가 진실로 속히 오리라 하시거늘 아멘 주 예수여 오시옵소서(계 22:20)

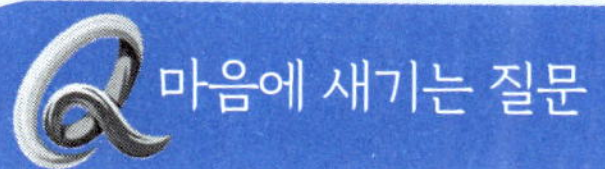

1. 원복음(原福音)이라는 창세기 3장 15절에 대해 새롭게 이해한 내용을 설명해보자.

2. 고린도전서 1장 18절의 '십자가의 도'의 구체적인 의미는 무엇인가?

3. 마태복음 24장과 마가복음 13장에 기록된 '마지막 날의 징조'에 대해 이야기해보자.

4. 사도바울이 겪은 영적 전투를 로마서 7장 내용을 통해서 설명해보라.

7
하나님이 찾으시는 예배

아버지께 참되게 예배하는 자들은 영과 진리로 예배할 때가 오나니 곧 이 때라 아버지께서는 자기에게 이렇게 예배하는 자들을 찾으시느니라 하나님은 영이시니 예배하는 자가 영과 진리로 예배할지니라 (요 4:23~24)

예배보다 더 중요한 것이 있을까? 그러나 잊지말 것은 일생 동안 얼마나 많은 예배를 드리냐 보다 어떤 예배를 드리는가이다.

영과 진리로 드리는 예배

아버지께 참되게 예배하는 자들은 영과 진리로 예배할 때가 오나니 곧 이 때라 아버지께서는 자기에게 이렇게 예배하는 자들을 찾으시느니라 하나님은 영이시니 예배하는 자가 영과 진리로 예배할지니라(요 4:23~24)

하나님은 영과 진리로 드리는 예배를 찾으신다고 강조한다. 이런 예배가 많다면 굳이 찾으신다고 하실 이유가 있을까? 영으로 드린다는 것은 기름 부으심이 있어야 하는 것으로 기름 부음 받으신 자인 그리스도가 임재하시는 예배이다. 언약궤 위에 불기둥으로 임하셨듯이 성령의 불로 임하신다. 제물 된 우리 가운데 있는 더럽고 악한 속성들을 태워내는 거룩한 불이다.

진리는 그리스도를 통해 드러난 새 언약의 말씀으로 더러움을 씻어주는 순전한 물이다. 구름기둥으로 임하신다는 말이 이런 의미다. 구름 가운데 비를 내려주는 맑은 물이 있기 때문이다. 또한 진리는 빛과 같이 어둠을 드러나게 하고 양날을 가진 검과 같이 생각과 마음속에 있는 악한 속성들을 드러낸다.

결국 하나님이 찾으시는 예배는 불과 검이 임하는 예배로 더럽고 악한 속성들을 처리하는 놀라운 시간이다. 악한 영들을 찌르고 태워 새롭게 만들어 가는 여정이다. 영적 전투에 지치고 힘든 자들에게 하늘의 무기를 공급해주는 시간이며 소진된 전투력을 재충전하는 시간이다.

> 내가 세상에 화평을 주러 온 줄로 생각하지 말라 화평이 아니요 검을 주러 왔노라(마 10:34)

더는 초등학문에 머물지 말고 장성한 자의 믿음으로 나아가야 한다.

> 이는 젖을 먹는 자마다 어린 아이니 의의 말씀을 경험하지 못한 자요 단단한 음식은 장성한 자의 것이니 그들은 지각을 사용함으로 연단을 받아 선악을 분별하는 자들이니라(히 5:13~14)

초등학문이 필요 없다는 말이 아니다. 상급학교에 가기 위해 초등학교를 거치는 것과 같다. 이런 연유로 율법의 규례가 이전에는 필요했으나 장성한 자가 되어야 하는데 계속 초등학문에 머물러서는 안 된다. 새 언약의 말씀으로 가야 한다. 진리는 도덕과 윤리 이상의 수준을 요구한다. 또한 이적과 기적이 필요 없다는 말도 아니다. 문제는 계속 여기에 붙들려 있으면 더 진전을 못한다는 점이다. 앞으로 전진해 가나안 땅으로 들어가야 하는데 광야에 계속 머물 수 없다. 이적과 기적의 상징인 모세의 지팡이를 언제까지 따라다닐 수야 없지 않은가? 이젠 초보를 벗어나서 언약궤를 따라 가나안으로 들어가야 한다. 우리 안에 천국을 선취하게 하시려는 하나님의 놀라운 선물이다. 마음 안에서 맺어지는 의와 평강과 희락의 열매보다 더 귀한 것이 없음을 잊어서는 안 된다. 평생에 먹어야 할 영혼의 양식인 진리는 새 언약이며 새 포도주다. 새 계명이고 레마의 말씀이다.

이제는 모세를 통해 주신 성전제사로 인한 떡이 아닌 그리스도를 통해 주신 떡을 먹어야 한다. 덮여졌던 수건이 벗겨진 순전한 본질의 말씀이다. 이런 떡과 잔을 먹고 마실 때마다 거룩함으로 나아가게 하신다. 겉사람을 죽이는 능력의 말씀으로 우리 안의 악한 속성들을 처리하신다. 사도 바울은 이를 깨닫고 십자가의 도가 구원받은 우리에게 능력이라고 고백한 것이다. 욕심이 빠진 사람보다 더 능력이 있는 사람이 있을까? 이것이 자족의 능력이다. 미움이 빠진 사람보다 더한 능력이 있을까? 곧 긍휼히 여기는 능력이며 사랑의 능력이다.

> 볼지어다 내가 문 밖에 서서 두드리노니 누구든지 내 음성을 듣고 문을 열면 내가 그에게로 들어가 그와 더불어 먹고 그는 나와 더불어 먹으리라(계 3:20)

그리스도, 우리 주님은 끊임없이 마음 문을 두드리고 계신다. 함께 먹고 마시자고 말이다. 문을 열 때 진리의 떡과 잔을 들고 오신다. 문을 열기 위해선 가난한 마음이 되어야 한다. 맹인임을 깨달은 자의 용기있는 고백이 필요하다. 맹인으로 살아온 지난날들이 원망스럽고 죄스럽다.

우리 안에 오시는 하나님

성막에 임하셨던 하나님은 이제 우리 안의 심령성전에 임하신다. 이미 임하신 그리스도는 우리 안에 더욱 충만하게 임하시기를 원하신다. 모든 생각과 마음의 방마다 생명으로 채우고 싶어 하신다. 이것이 계시록에 기록된 '하늘에 있는 언약궤'라는 의미다. 곧 그리스도가 오심으로 이루어진 우리 안의 하늘이다.

> 이에 하늘에 있는 하나님의 성전이 열리니 성전 안에 하나님의 언약궤가 보이며 또 번개와 음성들과 우레와 지진과 큰 우박이 있더라 (계 11:19)

우리 안에 오신 그리스도는 번개와 같은 빛으로 비추어 어둠을 드러나게 하신다. 세미한 음성으로 위로와 사랑을 속삭이시며 때론 우레와 같은 엄한 책망의 말씀도 하신다. 이렇게 옛사람으로 살던 마음 땅을 흔들어 단단한 길가 밭을 깨트리고 혹독한 고난을 통해 연단해 나가신다.

구름과 함께 오실 그리스도

이 말씀을 마치시고 그들이 보는데 올려져 가시니 구름이 그를 가리어 보이지 않게 하더라(행 1:9)

사도행전 1장에는 예수의 승천 모습이 나온다. 여기서 '가리어'라고 번역한 헬라어는 ὑπολαμβάνω(휘폴람바노)인데 '취하다, 받아들이다'라는 뜻이다. 즉 '구름이 그를 취하여' 또는 '구름이 그를 받아들여서'라는 의미다. 그리스도가 다시 오실 때는 가신 그대로 오신다고 하시는데 가신 모습을 제대로 알아야 한다. 성경 곳곳에서 그리스도의 오심에 대해 약속하고 있기 때문이다.

내가 또 밤 환상 중에 보니 인자 같은 이가 하늘 구름을 타고 와서 옛적부터 항상 계신 이에게 나아가 그 앞으로 인도되매(단 7:13)

구약 다니엘서에서도 훗날 메시아의 오심을 예언하고 있다. 구름은 עָנָן(아난)이고 여기서 '타고'라고 번역된 전치사는 히브리어 עִם(임)인데 이는 '함께(את)'라는 뜻이다. 즉 '구름과 함께' 오신다는 약속이다.

그때에 사람들이 인자가 구름을 타고 능력과 큰 영광으로 오는

것을 보리라(눅 21:27)

여기서 '타고'라고 번역된 전치사는 헬라어 ἐν(엔)으로 '…안에(in)라는 뜻이다. '구름 안에' 오신다는 약속이다.

예수께서 이르시되 내가 그니라 인자가 권능자의 우편에 앉은 것과 하늘 구름을 타고 오는 것을 너희가 보리라 하시니(막 14:62)

여기에 사용된 전치사는 헬라어 μετα(메타)로 '…와 함께(with)'라는 뜻이다. 즉 '구름과 함께'라는 말이다.

볼지어다 그가 구름을 타고 오시리라 각 사람의 눈이 그를 보겠고 그를 찌른 자들도 볼 것이요 땅에 있는 모든 족속이 그로 말미암아 애곡하리니 그러하리라 아멘(계 1:7)

여기에도 μετα(메타)가 사용되었는데 역시 '구름과 함께(with)'라고 해야 보다 정확한 해석이다. 출애굽 여정에서 하나님이 시내산에서 구름 가운데 강림하신다. 히브리어의 בֶּעָנָן(베아난)으로 이는 구름이라는 단어 עָנָן(아난)에 전치사 בּ(벤)이 붙어 '…안에(in)'라는 뜻이다.

여호와께서 구름 가운데에 강림하사 그와 함께 거기 서서 여호와

의 이름을 선포하실새(출 34:5)

이를 종합해볼 때 구름을 타고 오신다는 것보다 구름과 '함께', 또는 구름 '안에' 오신다는 표현이 더 정확하다. 그렇다면 이는 무슨 뜻인가? 구름은 물을 머금고 있기에 구름이 있다는 것은 그 가운에 물이 있다는 의미이기도 하다. 구름이 그릇이라면 물은 내용이다. 이토록 계속해서 진리를 하늘에서 내리는 물 또는 윗물에 빗대어서 말씀하시는 이유가 여기에 있다. 살려내는 생명수이기 때문이다.

변화산상의 모습이 바로 이런 의미였다. 구름 가운데 모세와 엘리야 그리고 예수가 보이다가 얼마 후 둘은 없어지고 오직 예수만 보인다. 이는 이제 율법의 시대가 끝나고 진리의 시대가 왔음을 선포하는 것이다. 예수가 율법과 선지자를 완전케 하러 왔다 하신 뜻이 여기에 있다. 완전이라는 말은 앞서 설명했듯이 '채우다, 충만케 하다'라는 의미다. 글자 안에 담겨진 내용물인 진리로 오신 것이다. 이것이 구름 안에 오신다는 뜻이다.

예배는 거룩함으로 나아가는 시간이며 땅의 사람이 하늘 사람으로 변해가는 시간이다.

그리스도는 이렇듯이 영과 진리로 드려지는 예배 가운데 임하신다. 영과 진리로 드려지는 예배를 기뻐 흠향하실 뿐 아니라 가져오신 선물

보따리를 잔뜩 풀어놓으신 것이다. 작은 정성을 드렸을 뿐인데 너무도 큰 것을 받는다. 그러나 '물이 없는 구름'이 있음을 잊어서는 안 된다.(유 1:12) 그 안에 진리가 없다. 홍수 때에 물은 넘쳐나나 정작 마실 물이 없는 것과 같은 이치이다.

예배는 살아나는 시간이다. 하늘의 단비를 흠뻑 받아들여서 죽었던 영혼들을 살려내는 은혜의 시간이다. 예배를 통해 회복이 일어나야 한다. 진리의 말씀이 선포될 때 어둠이 씻겨나가야 한다. 구름 가운데 오신 그리스도가 입의 검으로 악한 영들을 쫓아내고 불로 태우신다. 예배는 거룩함으로 나아가는 시간이며 땅의 사람이 하늘 사람으로 변해가는 시간이다. 예배는 신부가 신랑되신 그리스도를 위해 거룩한 세마포로 단장하는 시간이다.

> 이는 곧 물로 씻어 말씀으로 깨끗하게 하사 거룩하게 하시고 자기 앞에 영광스러운 교회로 세우사 티나 주름 잡힌 것이나 이런 것들이 없이 거룩하고 흠이 없게 하려 하심이라(엡 5:26~27)

'물로 씻어 말씀으로(τοῦ ὕδατος ἐν ῥήματι)'라는 헬라어 원문에서 ἐν(엔)이 '~안에(in)'라는 뜻이기에 '말씀 안의 물'이 더 정확한 표현이다. 특히 여기서 말씀도 '레마', 즉 진리를 의미하는 것이기에 이는 단순한 물 이야기가 아니라 진리의 특성을 물로 빗대어서 말씀하신 것이다. 진리만이 우리 영혼의 때를 씻어내어 거룩함으로 나아가게 하기 때문이다.

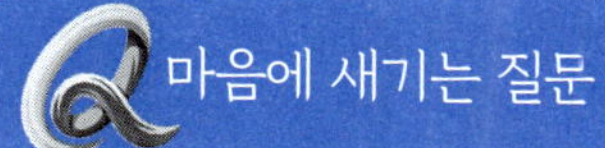

마음에 새기는 질문

1. 하나님이 찾으시는 '영과 진리로 드려지는 예배'는 어떠한 예배를 말하는 것인가?

2. 하나님이 언약궤 위에 임하신다는 것은 무슨 의미인가?

3. 예수가 감람산에서 승천하시는 모습을 사도행전 1장을 가지고 설명해보자.

4. 예수가 '구름과 함께' 또는 '구름 속에' 오신다는 것은 무슨 말인가?

나가는 말

진리는 궁극적인 탐구의 대상이다.
진리는 변함이 없는 영역이기 때문이다.
진리는 영원한 것이기 때문이다.
진리는 참 행복을 줄 수 있기 때문이다.

진리는 '그 무엇'의 문제가 아니다.
오직 한 분이신 '그분'을 만나야한다.
예수 그리스도,
하나님이시다.

우리를 디자인하시고 만드신 분이기 때문이다.
우리의 여정의 출발지와 종착지를 아시기 때문이다.
왜 이 땅에 혼돈과 공허함이 가득 차 있는가를 아시기 때문이다.
우리에게 필요한 것이 무엇인지를 아시기 때문이다.
영혼의 기갈을 채울 수 있는 길을 아시기 때문이다.

그 하나님이 우리에게 오셨다.
이천년 전 인간의 몸을 입으시고 이 땅에 오신 예수이시다.
영원한 행복의 길을 안내하러 오셨다.
잃어버린 '네비'를 들고 오신 것이다.
곧 '진리'이다.

'진리가 무엇이냐?'란 빌라도의 질문에 침묵하셨던 예수,
그 답을 주시려고 그 거룩한 영으로 다시 오셨다.
진리의 영으로 오신 그리스도이시다.

사도들을 통하여 더욱 열어주신 아버지 집으로 가는 길,
풍성하게 채워주신 하늘의 보화를 어찌 감당하겠는가?
망가진 형상을 고쳐서 가는 길이다.
아버지의 기쁨이 되어 보리라는 야무진 결단이다.

받은 은혜를 글로 기록하게 하심을 감사할 뿐이다.
육십육 권을 한 권으로 보게 하심에 감사할 뿐이다.
호지 아니한 옷, 통으로 입으신 당신의 옷을 여기 올려드린다.
아직 많은 부분 덧대고 기워진 곳이 있음에 송구할 뿐이다.

진리가 진리로 드러나게 하는 여정에서 한 축을 담당케 하시니 무한 감사할 뿐이다. 이 책을 통하여 각자의 눈에 덮였던 색안경이 벗겨지고 순전한 원광의 빛을 볼수 있기를 원한다.
진리의 본색(本色)인 순백색을 말이다
이 책을 통해 아버지 나라에 사람다운 사람들이 보다 많아지기를 간절히 소망한다.

이 책이 아버지의 아픔을 덜어드리는 작은 기쁨이 되기를 원한다.

진리본색(眞理本色)

초판 1쇄　　2020년 3월 10일

지 은 이 _ 양병모
펴 낸 이 _ 이태형
펴 낸 곳 _ 국민북스
편　　집 _ 김태현
디 자 인 _ 서재형

등록번호 _ 제406-2015-000064호
등록일자 _ 2015년 4월 30일

주　　소 _ 경기도 파주시 와석순환로 307, 1106-601 우편번호 10892
전　　화 _ 031-943-0701
팩　　스 _ 031-942-0701
이 메 일 _ kirok21@naver.com
ISBN 979-11-88125-29-6 03230